有效突破

切准股票短线补仓时机

桂　阳◎编著

中国铁道出版社有限公司
CHINA RAILWAY PUBLISHING HOUSE CO., LTD.

图书在版编目（CIP）数据

有效突破：切准股票短线补仓时机/桂阳编著.—北京：
中国铁道出版社有限公司，2024.3
ISBN 978-7-113-30942-8

Ⅰ.①有… Ⅱ.①桂… Ⅲ.①股票交易-基本知识
Ⅳ.①F830.91

中国国家版本馆CIP数据核字（2024）第014599号

书　　名：**有效突破——切准股票短线补仓时机**
　　　　　YOUXIAO TUPO：QIEZHUN GUPIAO DUANXIAN BUCANG SHIJI
作　　者：桂　阳

责任编辑：杨　旭　　　编辑部电话：（010）63583183　　　电子邮箱：823401342@qq.com
封面设计：仙　境
责任校对：刘　畅
责任印制：赵星辰

出版发行：中国铁道出版社有限公司（100054，北京市西城区右安门西街8号）
印　　刷：三河市宏盛印务有限公司
版　　次：2024年3月第1版　2024年3月第1次印刷
开　　本：710 mm×1 000 mm 1/16　印张：11.5　字数：166千
书　　号：ISBN 978-7-113-30942-8
定　　价：69.00元

在股市中，短线投资之所以成为热门的投资策略是因为它奉行的是快进快出、果断决策的原则，投资者手中的筹码转化能力很强，操作的灵活性也很高。

一般来说，大部分短线投资者的持股周期都在一个月以内，要想在如此短的时间内获取收益，又不至于承担太高的风险，投资者就要特别注重仓位控制和加仓点的选择。其中，建仓点自然需要选在相对低位，但仓位需轻一些。用于调整获益空间主要是通过后续的加仓，短线投资者可以利用突破技术来帮助加仓。

突破技术主要研究的是各种突破形态，之所以能够帮助投资者加仓，是因为当股价或技术指标向上穿越某关键压力线或压力区间形成突破时，短线投资者就可以进一步确定后市的上涨，进而选择合适的位置加仓，增加获利筹码。

突破形态大致分为 K 线的突破和技术形态的突破：前者是 K 线对各种筑底形态、整理形态或是前期高点等压力线的突破；后者则是各种技术指标内部指标线的突破，或是 K 线与技术指标结合形成的突破。但无论是何种突破形态，只要短线投资者观察仔细、分析到位、决策果断，都有机会在恰当的位置实现有效加仓，从而扩大获利空间。

为了让投资者更快捷高效地学习突破技术，笔者从突破技术的短线实战技巧出发编写了这本炒股工具书。

全书共六章,可分为三部分:

◆ 第一部分为第 1 章,是对突破技术的基础解析,包括有效突破的原则和条件、真假突破的辨别、突破的类型和一些常见的有效突破指标等,帮助投资者熟悉突破技术。

◆ 第二部分为第 2 ~ 5 章,这是本书的关键部分,从相对简单的 K 线突破形态讲起,再到一些股市经典理论中包含的突破技术,然后是两大常见技术指标的突破形态,最后介绍分时图中存在的突破形态。从基础到进阶,帮助投资者更好地进行加仓操作。

◆ 第三部分为第 6 章,介绍各种突破技术的融合应用,利用两只走势特殊的个股,向投资者综合展示突破技术的加仓应用,在实战中融会贯通。

本书内容由浅入深、循序渐进,同时配有大量的案例解析和注解,实战性较强,有助于短线投资者更好地将理论应用于真实的股票投资之中。

最后,希望读者通过对书中知识的学习,提升自己的炒股技能,收获更多的投资收益。但任何投资都有风险,也希望广大投资者在入市和操作过程中谨慎从事,降低投资风险。

桂 阳

2023 年 12 月

目录

第1章 突破技术基础内容认知

第2章 K线短线突破补仓形态

第 3 章　经典理论突破短线补仓点

第 4 章 技术指标有效突破做短线

第 5 章　分时走势突破可短线补仓

第 6 章 突破技术融合的短线实战

第1章

突破技术基础内容认知

突破技术是一门看似简单实则包含甚广的技术分析门类，多数情况下代表的是积极上涨或脱离弱势走势的信号，对于短线投资者的补仓操作很有参考价值。那么，在正式进入实战训练之前，短线投资者需要对突破技术有大致的了解。同时需要注意，本书理论只能起指导作用，并非实战操作的唯一标准。

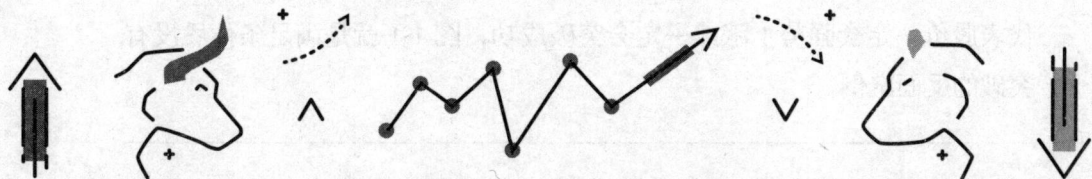

1.1 突破的标准与识别

突破技术中不仅包含 K 线的突破，也包含一些技术形态和技术指标的突破，不同的突破类型有不同的评判方法，无法用统一的标准来衡量。K 线的有效突破也有其自身的一些判别方法，下面就来逐一介绍。

1.1.1 有效突破的一般条件

K 线有效突破的条件一般有六个，具体如下：

①K 线突破时需要有成交量放量支撑。

②K 线收盘价至少需要三天收于压力位以上，五天以上最好。

③K 线收盘价需要高于压力位 3% ～ 5%。

④K 线后续回踩压力位时需要得到明显支撑。

⑤第一次突破后，成交量需要与股价保持量价齐升状态。

⑥K 线收出大阳线突破压力位，走势明显有别于前期。

注意，以上六个条件并不需要同时满足，这样太过苛刻，只有中长期投资才会如此要求。对于短线投资者来说，只要 K 线突破能够满足其中一个条件，突破位就可以视作加仓点。

毕竟短线投资奉行快进快出原则，如果六个条件全部满足或是满足大半，股价可能已经上涨到了较高的位置，甚至即将转向回调了，短线投资者再补仓的意义不大。

除此之外，还有一个比较简单的判别方法，那就是三三原则。三三原则是指股价突破到压力位之上 3% 的位置，站稳三天。这与上面介绍的有效突破条件②和条件③比较类似，只是限制性没有那么强，对于短线投资者来说也更加实用。

当然，满足了有效突破的六大条件之一，或者满足了三三原则，并不代表股价一定会强势上涨或一定会突破成功，图 1-1 就是满足条件后没有突破的反面案例。

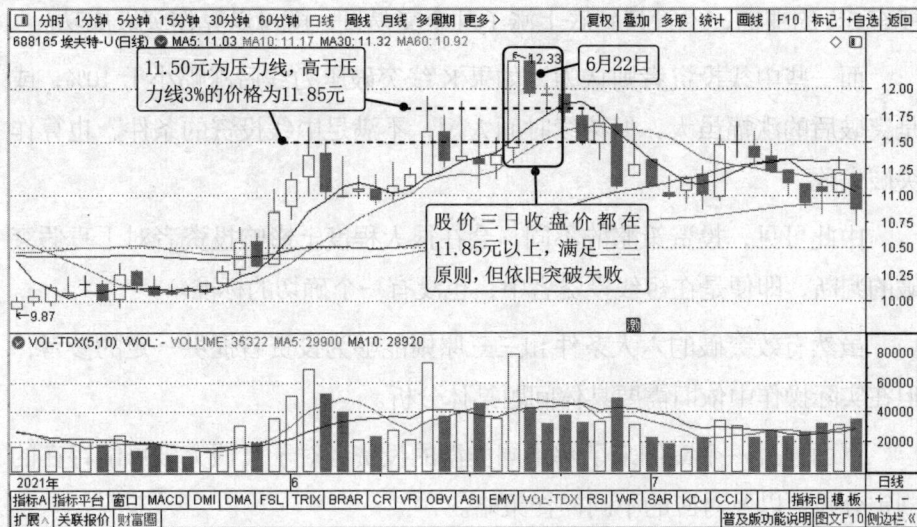

图 1-1 满足有效突破条件后依旧突破失败

在图 1-1 中，股价于 6 月初在 11.50 元价位线处受阻回落，并且后续也无力突破，那么该价位线就是一条压力线，高于该压力线 3% 的价格约为 11.85 元（11.50×103%）。因此，当 K 线连续三个交易日的收盘价都高于该价格时，就满足了三三原则。

从后续的走势可以看到，该股在 6 月下旬时大幅收阳上涨，连续三个交易日的收盘价都高于 11.85 元，满足了三三原则，理论上应当是突破成功。但 6 月 22 日和 6 月 23 日这两个交易日 K 线都在收阴下跌，并且 6 月 25 日还跌破了 11.85 元，说明此次突破是无效的。

由此可见，投资者在判断 K 线的有效突破时，不能生硬地照搬理论，而是需要根据实际情况进行具体分析。因为理论只能做参考，是为实际操作服务的，并非限制实战应用，投资者应注意不要本末倒置。

1.1.2 假突破与真突破

不同持股周期，或是采取不同投资策略的投资者，对于 K 线突破的真假有着不同的判断。比如，一些短线投资者认为，只要 K 线突破压力线后能有 5% 的涨幅，不管其到底上涨了几个交易日，就可以算作突破成功。

而一些中线投资者则认为，如果 K 线突破压力线后涨幅小于 10%，或是突破后的涨幅虽大，但持续时间太短，不满足中线投资的条件，也算作突破失败。

由此可见，投资策略的不同，会在很大程度上影响投资者对于真假突破的判断，即便是在短线投资者中，也没有一个确切的标准。

虽然有效突破的六大条件和三三原则能够为投资者提供一定的参考，但在实际操作中依旧需要具体问题具体分析。

下面通过一个案例来了解不同类型的投资者对于真假突破可能存在的判定分歧，以及对应的不同操作策略。

实例分析
宏达电子（300726）不同投资者对真假突破的判定

图 1-2 为宏达电子 2020 年 7 月至 12 月的 K 线图。

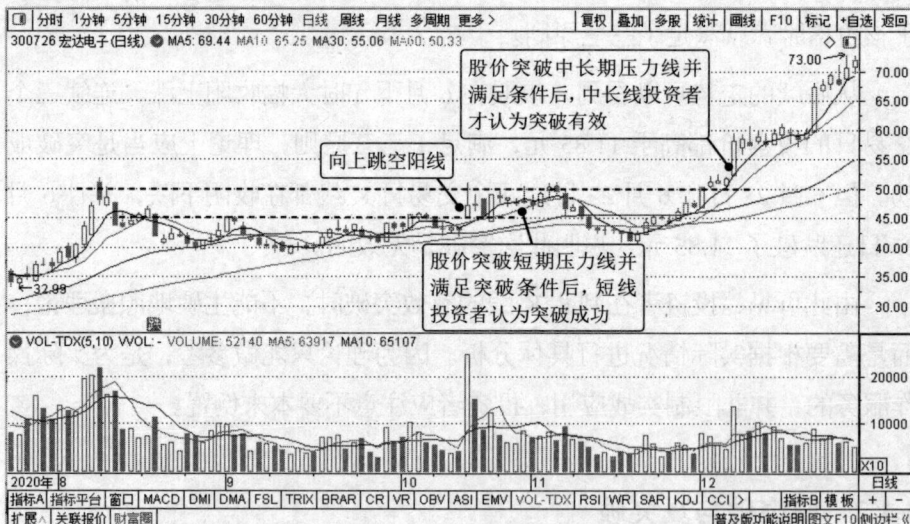

图 1-2　宏达电子 2020 年 7 月至 12 月的 K 线图

从图 1-2 中可以看到，该股在 8 月上旬上涨至 50.00 元价位线附近后受阻回调，落到了 40.00 元价位线上横盘震荡。

在震荡过程中，45.00 元价位线对股价的上涨起到了比较明显的阻碍作用，K 线多次收阳上涨都无法突破该压力线。对于短线投资者来说，这段小幅震荡走势并非不可操作，只要在股价跌至横盘下边线时介入，上涨至压力线附近时卖出即可，因此，还是有不少短线投资者参与其中。

到了 10 月中旬时，该股的震荡低点开始上移，K 线突然收出一根向上跳空的阳线，成功突破到了 45.00 元价位线上方，并且后续回踩压力线得到支撑，满足了有效突破的六大条件之一。

再加上后续股价连续数日的收盘价都稳在 46.35 元（45.00×103%）以上，三三原则也满足了。因此，短线投资者完全可以将其视作有效突破，进而在股价回踩 45.00 元价位线的位置加仓买进，扩大收益。

但由于股价并未成功突破 50.00 元价位线，也就是 8 月初形成的压力线，许多中线投资者并不认为此次突破是有效的，或者并不认为此次突破适合自己买进，还要等待时机。

继续来看后面的走势。在长达半个多月的时间内，该股都维持在 45.00 元到 50.00 元的价格区间内震荡，表现出难以突破的走势。而当其有跌破 45.00 元价位线的迹象时，短线投资者就要及时反应过来，迅速将手中筹码抛售，等待下一次介入机会。

11 月中旬，股价再次落到 40.00 元价位线之上后止跌回升，K 线连续收阳，催促短线投资者入场。到了 12 月初时，阳线成功突破到了 50.00 元价位线以上，并在上方横盘，回踩得到支撑后继续上涨，满足了多个有效突破条件，完全可以算作突破成功了。

对于中线投资者来说，一条中长期压力线被有效突破，意味着一波中期上涨即将到来，那么这个位置就是中线投资者合适的建仓或加仓点。而对于短线投资者来说，这无疑是更加确定的上涨信号，在此补仓能够大大增加自己的获益筹码。由此也可以看出，不同持股周期的投资者对于有效突破的判断存在偏差。

1.2 突破类型与可用指标

前面提到过，突破的类型并不只有 K 线的突破，而且 K 线的突破也并不只是针对压力线。除此之外，K 线的有效突破还可以通过编写软件指标公式的方式来寻找，便于投资者买卖。

1.2.1 突破的主要类型

突破技术的主要类型有 K 线突破和技术指标突破，其中 K 线突破包含对压力线的突破及对支撑线的突破。

K 线对压力线的突破已经在前面的案例中详细介绍过了，这里的压力线主要指的是股价的前期高点、突破困难点、支撑线转换后形成的压力线等，K 线对这些压力线的突破还是比较容易理解和判断的。

K 线对支撑线的突破指的是股价在某一位置得到支撑后停滞一段时间，最终继续上涨时，向上远离支撑线所形成的突破。这种突破形态并不少见，但如果在 K 线刚刚向上远离支撑线时就买进或补仓，风险还是比较高的，即便是短线投资者也要谨慎，下面来看图 1-3 中的案例。

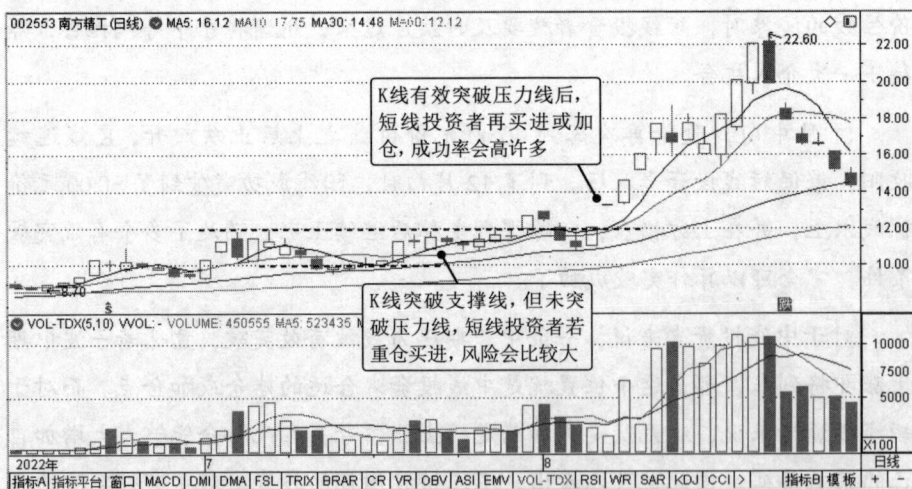

图 1-3 K 线对支撑线的突破

在图 1-3 中，股价在 7 月初于 12.00 元价位线上受阻后回落，跌至 10.00 元价位线附近得到支撑，并在此停滞了一段时间。

7 月中旬之后，K 线大幅收阳上涨，形成了对支撑线的有效突破。但此时 K 线依旧受制于前期 12.00 元的压力线，因此，即便突破已经发生，短线投资者也需要谨慎考虑是否买进，以免后续 K 线突破压力线失败转入下跌。

在 7 月底，K 线有过一次对压力线的短暂突破，但次日就收阴下跌了，因此，不能算作有效突破。

但进入 8 月后不久，股价就迅速上扬，彻底突破到了压力线上方，形成急速的拉升。那么，短线投资者在此买进或加仓，成功率就会比前期高许多。

由此可见，K 线对压力线的突破才是短线投资者更应该关注的目标，K 线对支撑线的突破则更多地被视作股价开始回升的信号，短线投资者可以在此小资金建仓，等到压力线被突破时再加大注资会更加稳妥。

除此之外，技术指标突破也是短线投资者应当重点了解的。它同样分为两类：一类是 K 线对技术指标的突破，另一类是技术指标本身具有的突破形态。

前者指的是 K 线与技术指标之间的突破形态，但前提是技术指标能与 K 线叠加使用，比如均线、布林指标等，而成交量这类指标就不能与 K 线叠加在一起使用。

后者则指技术指标本身形成的突破，比如指标线之间的突破、指标线对指标中压力线的突破、指标线对前期高点的突破等。这种突破是更为常见的，毕竟能够与 K 线叠加的技术指标还是没有独立存在的技术指标多，投资者需要特别关注。

也正因如此，每种技术指标突破形态的不同内涵和判断标准，对于投资者的技术分析能力及对技术指标的熟悉程度要求会更高。

但投资者也不必强求了解所有的技术指标，只要熟悉几种常用的即可，比如图 1-4 中展示的 MACD 指标。

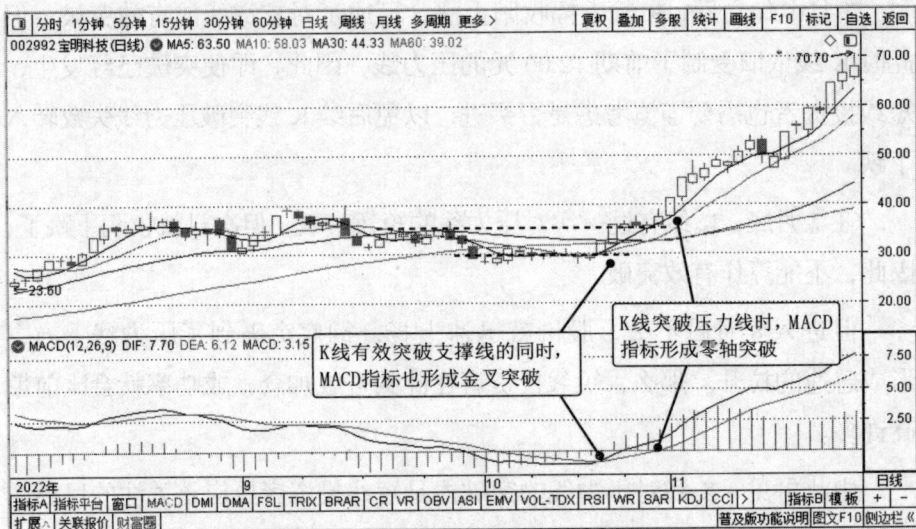

图 1-4　MACD 指标中的突破

MACD 指标包含两条指标线和一条区分多空市场的零轴，因此其突破形态十分丰富。

从图 1-4 中可以看到，股价在 10 月初回调至 30.00 元价位线附近后横盘了较长的时间，10 月下旬才连续收阳向上，形成对支撑线的突破。

与此同时，MACD 指标在零轴之下形成了一个金叉，也就是其中一条指标线自下而上突破另一条指标线形成的交叉形态，与 K 线同步传递出了买进信号。

进入 11 月后，股价继续上扬并成功突破了一个前期高点，也就是压力线。MACD 指标线也在同一时间突破到了零轴之上，再次发出了看多信号，形成又一个买点，也可以说是补仓点。

可以看到，即便技术指标不能与 K 线叠加使用，但其自身存在的突破形态也能与 K 线的突破形成配合，为投资者提供更加可靠的买进信息，所以对投资者研判行情也是有帮助的。

1.2.2　有效突破的指标公式

在大多数炒股软件中，都是允许使用者自行编辑指标公式的。因此，许多投资者为了使用方便，或者出于其他目的，就会自行编写或寻找各种独特的指标公式添加到软件中。

如果短线投资者不想费心去判断突破的有效性，也可以寻找一些他人编写的有效突破指标来使用。这里以通达信炒股软件为例来向投资者展示如何设置新的指标。

打开炒股软件后按【Ctrl+F】组合键，打开"公式管理器"对话框，选择左侧的"其他类型"选项，目的是将新建指标放入该分类中，方便后续寻找。当然，投资者也可以将其放入其他分类之中，只要符合自己的操作习惯就行。然后单击右上方的"新建"按钮，打开指标公式编辑器，如图 1-5 所示。

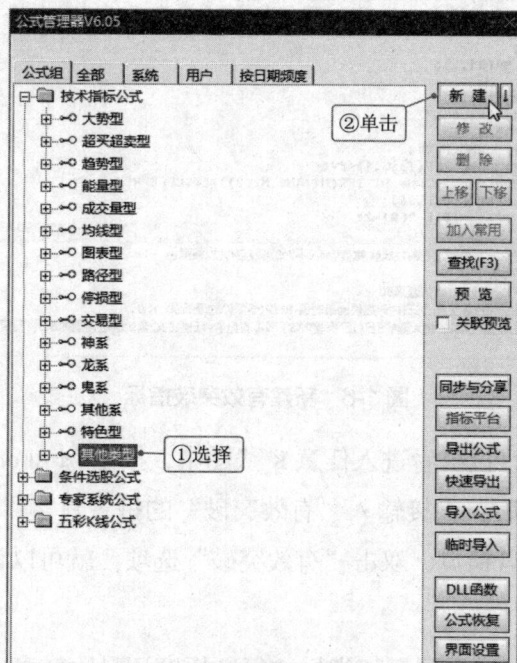

图 1-5　打开指标公式编辑器

　　在指标公式编辑器中，投资者需要先行设置新指标的名称。在"公式名称"文本框中输入"有效突破"文本，单击"画线方法"文本框右侧的下拉按钮，选择"主图叠加"命令。

　　然后将指标公式粘贴到下方的文本框中，查看下方自动显示的动态翻译内容，没有错误提示后单击右上角的"确定"按钮，完成指标公式的添加，如图1-6所示。

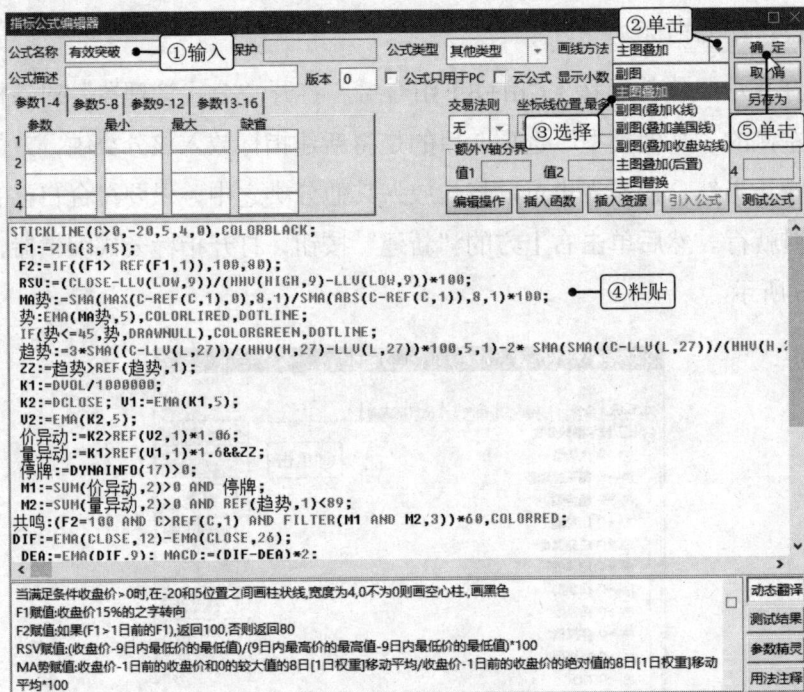

图1-6　新建有效突破指标

　　添加指标后，投资者进入任意K线图中，按【CapsLock】键，将键盘输入设置为大写后，直接输入"有效突破"的拼音首字母"YXTP"，打开炒股软件的键盘精灵，双击"有效突破"选项，就可以调出新指标并使用了，如图1-7所示。

　　从图1-7中可以看到，该指标的复杂程度还是比较高的，其中涉及的原理十分复杂，投资者需要有一定的基础才能更好地使用。

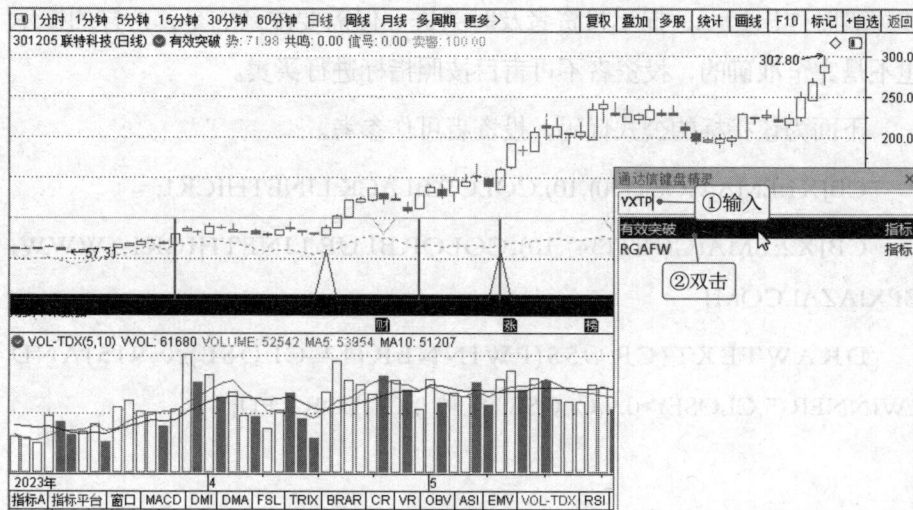

图 1-7　调用有效突破指标

　　除了图 1-7 展示的突破指标之外，还有一些比较简易的有效突破指标，准确性可能不会那么高，但胜在简单易懂，使用方便，图 1-8 为其中一种有效突破指标。

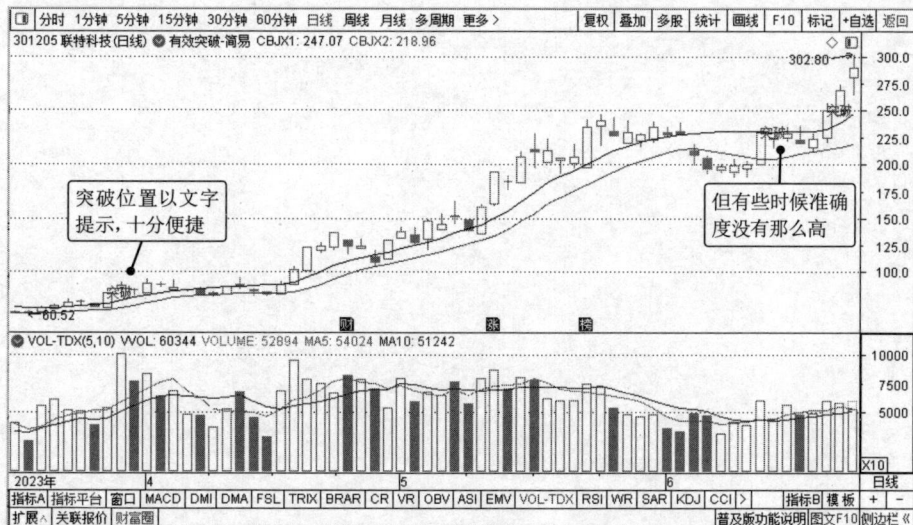

图 1-8　更加便捷的有效突破指标

　　该有效突破指标主要针对的是 K 线的有效突破，它可以在 K 线形成有效突破时作出指示，提示投资者及时买进。但需要注意的是，这样的提示也不是完全准确的，投资者不可盲目按照指标进行买卖。

下面为该指标的公式代码，投资者可作参考。

CBJX1:EMA(COST(90),10),COLORBLACK,LINETHICK1;

CBJX2:EMA(COST(34),10),COLORBLUE,LINETHICK1;{WWW.GPXIAZAI.COM}

DRAWTEXT(CROSS(PWINNER(14,CLOSE),0.915)AND LWINNER(5,CLOSE)>0.9,CLOSE,' 突破 '),COLORRED;

第 2 章

K线短线突破补仓形态

　　K线突破是突破技术中的关键，也是短线投资者确定补仓点的重要分析对象。在股价运行过程中，K线往往会在特定的位置形成一些具有较高参考价值的突破形态，如果短线投资者能够准确把握住这些形态，就有机会抓住时机加仓，从而扩大获利空间。

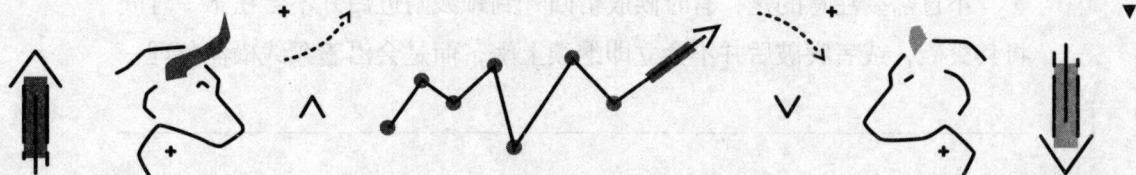

2.1 底部突破形态助短线买进

K 线的底部突破形态是指一些常在行情底部或是阶段底部形成的筑底形态，这里的突破指的是股价向上突破形态关键压力线的走势。在很多筑底形态中，只有 K 线将压力线彻底突破了，形态才能算作成立。

对于短线投资者来说，由于持股时间较短，因此，需要更加果断地把握住买进时机。当股价从底部回升时，短线投资者就可以轻仓入场了，待到 K 线将压力线突破，形态构筑完毕时再加仓，就能更好地控制持股成本，从而扩大获益空间。

2.1.1 V 形 底

V 形底是指股价运行到相对低位后突然加快下跌速度，导致走势急跌，落到某一位置得到支撑后立即转折向上，以相似的速度快速回升，形成一个类似于尖锥的底部形态，如图 2-1 所示。

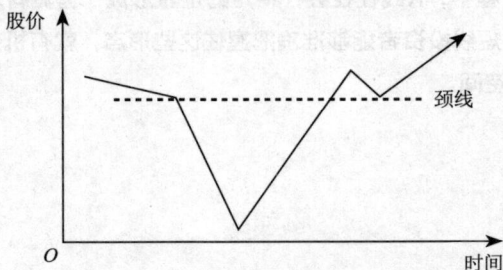

图 2-1 V 形底示意图

V 形底形态中的关键压力线也被称为颈线，通常也是股价刚开始加速下跌时的价位线。当股价回升、K 线将其成功突破时，V 形底就宣告成立了。因此，短线投资者就可以在股价触底回升时建仓，在 K 线成功突破颈线时适当加仓。

不过需要注意的是，有时候股价回升到颈线附近后并不会在第一时间将其突破，或者突破后并不会立即继续上涨，而是会沿着颈线横盘整理一段时间，将前期积累的抛压释放完全后再继续拉升。那么，短线投资者遇到这种情况时就可以暂缓买入，等股价彻底转入上涨后再继续加仓。

下面来看一个具体的案例。

实例分析

泰晶科技（603738）V 形底的加仓机会

图 2-2 为泰晶科技 2022 年 3 月至 6 月的 K 线图。

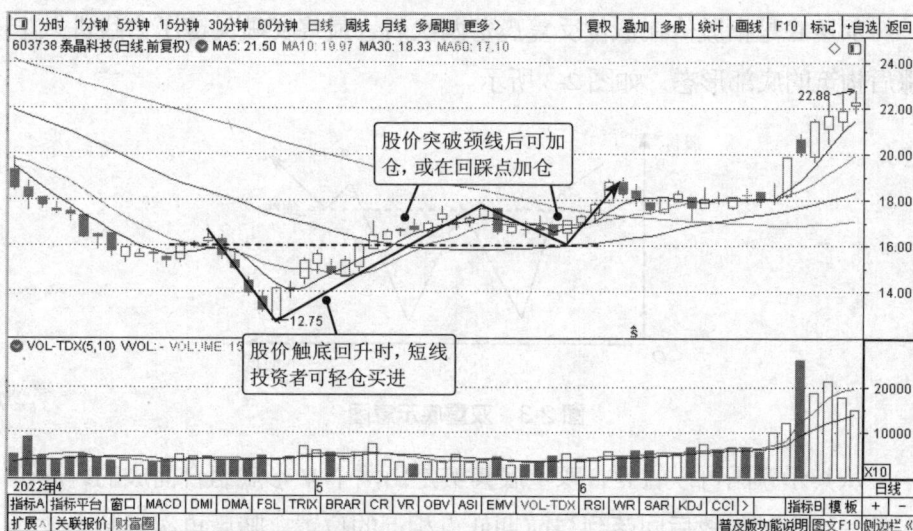

图 2-2　泰晶科技 2022 年 3 月至 6 月的 K 线图

在泰晶科技的这段走势中可以看到，该股在 2022 年 4 月之前还处于持续的下跌之中，直到 4 月上旬落到 16.00 元价位线上后才减缓了下跌走势，横盘整理了一段时间。

4 月下旬，K 线再次连续收阴下跌，跌速相较于前期更快了，使得股价短时间内急速跌至 14.00 元价位线以下，在创出 12.75 元的新低后，才止跌并快速回升。

股价的这一波回升速度也很快，几乎在数日内就向上靠近了 16.00 元的压力线。在此期间，大量的短线投资者发现机会后建仓买进，持股待涨。

5月上旬，K线连续收阳成功突破了16.00元价位线的压制，同时也构筑出了一个完整的V形底形态，短线投资者可快速在突破位置追涨加仓。

在后续的走势中，该股于18.00元价位线附近滞涨回落，低点在V形底的颈线上得到了支撑。这就是有效突破的又一个有力证明，前期一直在观望或在突破位才建仓的投资者，此时也可以考虑买进或加仓了。

2.1.2 双重底

双重底是指股价在低位反复震荡两次后，最终突破关键压力线进入上涨后构筑的底部形态，如图2-3所示。

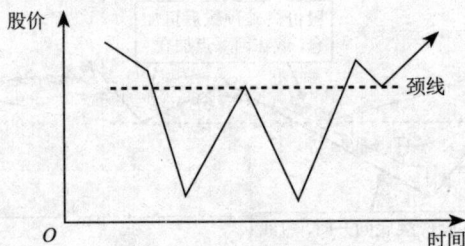

图 2-3 双重底示意图

从其示意图可以看到，双重底其实是由两个V形底组合而成的，股价在第一次突破失败后回落到与前期低点相近的位置，随后再次发起上攻，最终成功突破颈线，完成形态构筑。注意，这里的颈线是股价第一次突破失败的高点。

与V形底类似，K线在突破双重底颈线前后的一段时间内，同样可能出现回调整理。短线投资者的操作策略也是一样的，即在前期回升位置轻仓买进，待到突破形成后再继续加仓即可。

下面来看一个具体的案例。

实例分析

浪莎股份（600137）双重底的加仓时机

图2-4为浪莎股份2020年12月至2021年3月的K线图。

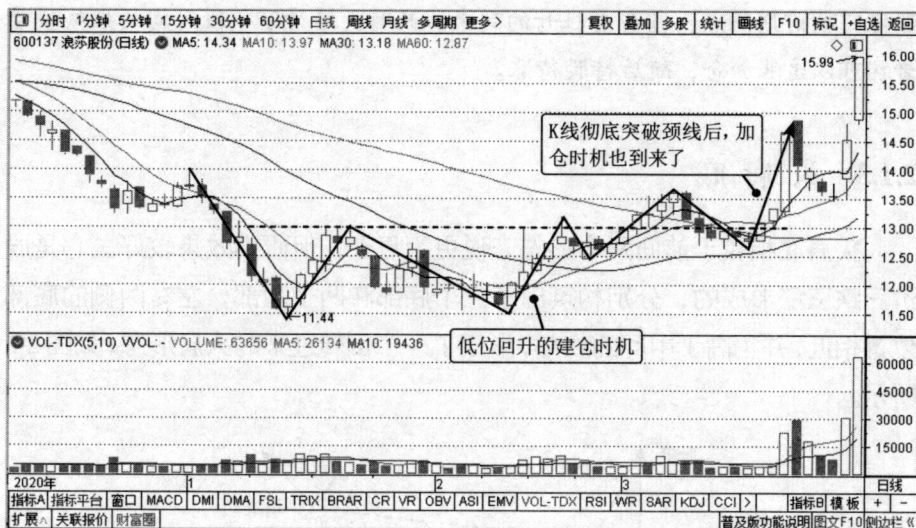

图 2-4　浪莎股份 2020 年 12 月至 2021 年 3 月的 K 线图

从图 2-4 中可以看到，浪莎股份正在经历涨跌趋势反转的过程。在 2020 年 12 月底，股价落到 13.50 元价位线附近短暂止跌横盘后继续加速下跌。此次下跌一直持续到 2021 年 1 月中旬，股价才在 11.44 元的位置止跌回升，K 线连续收阳上涨。

但可惜的是，股价在接触到 13.00 元价位线后就受到明显阻碍，进而拐头回归下跌。这次的下跌速度就明显慢了不少，期间还形成了一次小幅反弹，但两个交易日后就转向了，没有太大意义。

进入 2 月后不久，股价已经跌到了与前期低点相近的位置，在此止跌后又一次回升。此时，双重底的雏形已经比较明显了，第一底和颈线都已经明确，就差 K 线向上突破了。因此，当股价再度上涨时，许多短线投资者也可以看准时机轻仓买进。

2 月下旬，股价上涨接触到了颈线，但并未第一时间突破，而是小幅回落整理后再度上涨，这才一举突破颈线，完成了双重底的构筑。不过从后续走势来看，此次的突破也并没有持续太长时间，股价再次回落到颈线附近进行整理，说明市场推涨动能还未蓄积足够，投资者还应等待。

到了 3 月中旬时，股价整理完毕后的上涨速度就非常快了，K 线直接以涨停突破前期高点，宣告着拉升的到来。此时，等待了一段时间的短线投资者就可以追涨加仓，随后持股待涨。

2.1.3　头 肩 底

头肩底相较于前面两个形态来说更为复杂，但研判效果较好。它是股价三跌三涨形成的，分别构筑出了三个底部和两个顶部，左右两侧的底部位置相近，并稍高于中间的底部，形成了一个倒转过来的头肩形态，如图2-5所示。

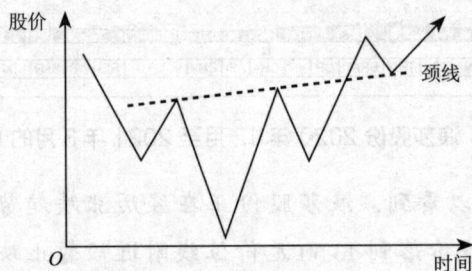

图 2-5　头肩底示意图

头肩底的颈线为两个顶部相连后延伸而成的斜线，这一点与前面两个形态又有所不同，投资者要注意区分。

在头肩底形态中，双肩的位置最好相近，但双顶的高度却不一定一致，因此，形态的颈线可能会向上或向下倾斜。但只要 K 线能够彻底将其突破，确切的补仓点就会形成。

不过，由于头肩底拥有三个底部，短线投资者在建仓时就要有所选择了。是在形态尚不清晰的头部建仓，还是在雏形已经出现，但买进成本可能稍高的右肩处建仓，主要取决于投资者的风险承受能力和判断能力。

下面来看一个具体的案例。

实例分析
精锻科技（300258）头肩底的加仓时机

图 2-6 为精锻科技 2020 年 3 月至 6 月的 K 线图。

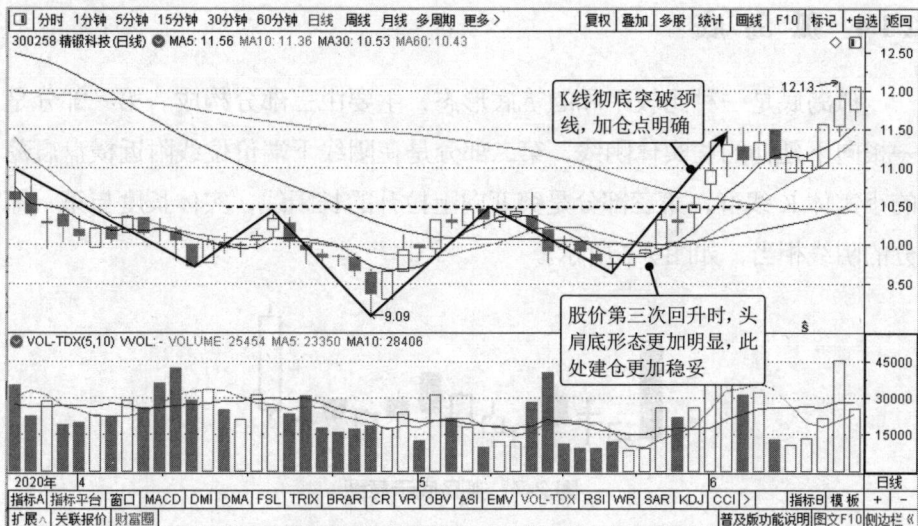

图 2-6　精锻科技 2020 年 3 月至 6 月的 K 线图

图 2-6 中展示的是精锻科技的阶段底部，2020 年 4 月，股价还处于下跌之中。尽管股价在进入 4 月后已经减缓了下跌走势，期间还形成了一次小幅反弹，但整体的颓势依旧没有被扭转，股价在 10.50 元价位线附近受阻后，于 4 月下旬回到了下跌之中。

4 月底，股价创出 9.09 元的新低后触底回升，开始连续收阳上涨。但数日后，该股依旧在 10.50 元价位线附近受到阻碍，徘徊一段时间后下跌。这就说明场内蓄积的上涨动能还不足以支撑股价一举突破压力线，谨慎型的投资者最好多等待一段时间。

到了 5 月下旬时，股价已经跌到了与 4 月中旬的低点相近的位置，并且在此止跌后就出现了回升迹象。此时，头肩底的左肩、头部、右肩及两个顶点都已经出现，K 线也有继续上涨突破颈线的迹象，形态即将构筑完成，短线投资者已经可以开始建仓了。

5 月底时，股价大幅向上攀升，很快便成功突破到了颈线之上，完成了头肩底形态的构筑，并且在 6 月进行回踩时，也在颈线之上得到了明显的支撑。那么，短线投资者就可以在颈线被突破的当时和回踩企稳的位置分别加仓，但要注意仓位控制。

2.1.4 孤岛底

孤岛底是一种比较平和的筑底形态，主要由三部分构成。第一部分是一根向下延伸的长实体阴线，第二部分是在阴线下端价位线附近横盘震荡的小实体 K 线群，第三部分是突兀向上拉升的长阳线，实体长度与第一部分的阴线相当，如图 2-7 所示。

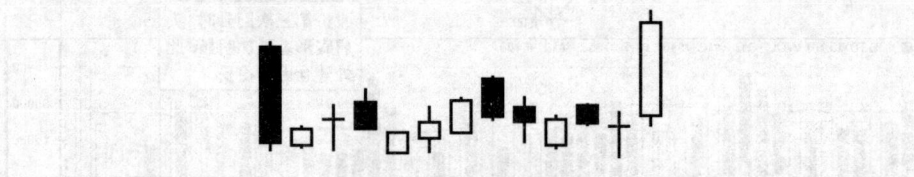

图 2-7　孤岛底示意图

正是这两根长实体 K 线，将小幅震荡的小实体 K 线群孤立在往期运行范围之外，因此形态得名孤岛底。该形态不存在颈线一说，但其压力线很明显，就是长阴线的上端价位线，只要后续 K 线能够有效突破该价位线，形态就算成立了，释放出的强烈看多信号也在催促投资者作出决策。

短线投资者可以在长阳线形成的同时轻仓买进，待到后续 K 线回踩企稳，或是成交量释放出巨量使得形态满足有效突破条件时，再考虑加仓也不迟。

注意，一般情况下，孤岛底要出现在行情底部或深度回调的底部才能拥有足够的看多说服力。不过，由于短线投资的持股周期决定了投资者无须刻意寻找大底，因此，短线投资者若是在浅度回调中发现了孤岛底，依旧可以执行同样的操作策略。

下面来看一个具体的案例。

实例分析

金科股份（000656）孤岛底的加仓时机

图 2-8 为金科股份 2019 年 1 月至 4 月的 K 线图。

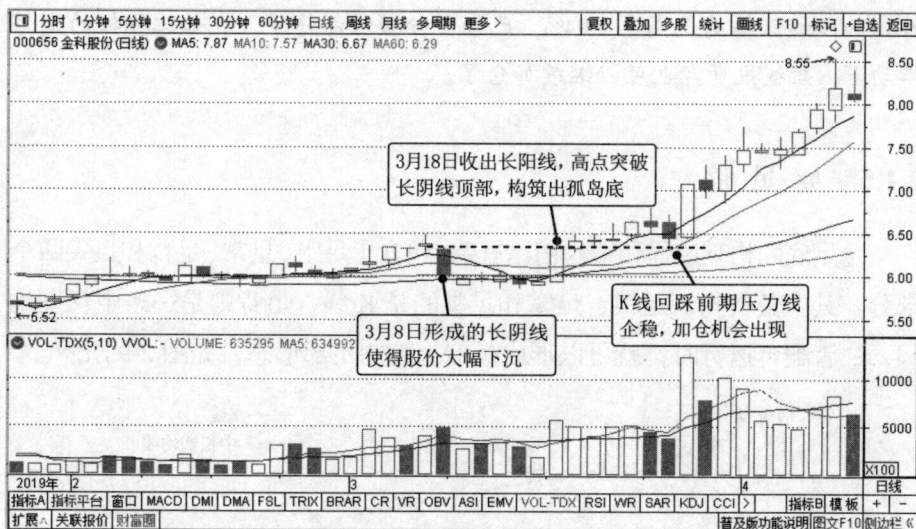

图 2-8　金科股份 2019 年 1 月至 4 月的 K 线图

在金科股份的这段走势中，上涨趋势占据主流，只是在 2019 年 2 月股价的涨势有所减缓，才使得均线组合没有表现出更强的上升趋势性。

进入 3 月后，股价收阳向上突破了前期横盘区间上边线的压制，但在接触到 6.50 元价位线后就受阻滞涨了。3 月 8 日，该股低开后持续低走，当日收出一根跌幅达到 5.96% 的大阴线，使得价格大幅下沉，落到了 6.00 元价位线附近，随后形成了横盘小幅震荡。

一段时间后，K 线于 3 月 18 日大幅收阳向上，单日涨幅达到了 6.57%，最高价也超过了 3 月 8 日大阴线的顶端，再结合前面数日的横盘小 K 线群，构筑出了一个比较标准的孤岛底形态。

尽管此处的回调幅度不深，但对于短线投资者来说已经算是一个明显的底部了，因此，在 3 月 18 日的大阳线处建仓入场也是十分合理的，谨慎的投资者可以先轻仓买进。

在后续的走势中，该股持续收阳上涨，虽然涨速大不如前，但稳定性还是不错的。到了 3 月底时，K 线小幅收阴回踩，低点落到了前期压力线附近。

当然，此时的压力线已经转换为支撑线了，K 线在此企稳后继续上涨，收出的阳线涨幅更是高达 9.94%，已经十分接近涨停了。在如此积极的走势催动下，短线投资者也可以继续加仓了。

2.1.5　金足底

金足底的构筑过程和结构稍显复杂，包含了足跟、足掌、足背和足尖四个部分。其中负责构筑足跟、足掌和足尖的是 K 线，足背则是一条中长期均线，二者配合运行时，就可以形成类似上翘的足部形态，如图 2-9 所示。

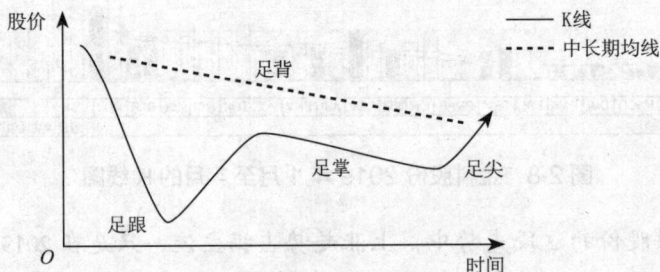

图 2-9　金足底示意图

从图 2-9 可以看出，金足底就是股价止跌企稳后，回升靠近依旧下行的中长期均线时受阻回调，二次上攻后成功将其突破的形态，形态的颈线就是这条中长期均线。

中长期均线的周期选择要根据投资者的需求而定，比如中长线投资者往往会选择 60 日均线，短线投资者则可以适当缩短其周期，但要注意周期不能过短，20 日均线或 30 日均线是比较合适的，再短就会明显降低形态可信度。

同时需要注意，金足底的足尖需要高于足跟，这样才能更有效地确定上涨趋势的形成。如果足尖的位置平行于足跟甚至低于足跟，就有可能形成欺骗信号，短线投资者买进被套的风险会大大增加。

因此，短线投资者在遇到金足底时，可以采取在低位回升过程中轻仓买进，突破成功形态成立后来加码资金的策略，这样可以适度避险。

下面来看一个具体的案例。

实例分析

东晶电子（002199）金足底的加仓时机

图 2-10 为东晶电子 2023 年 3 月至 6 月的 K 线图。

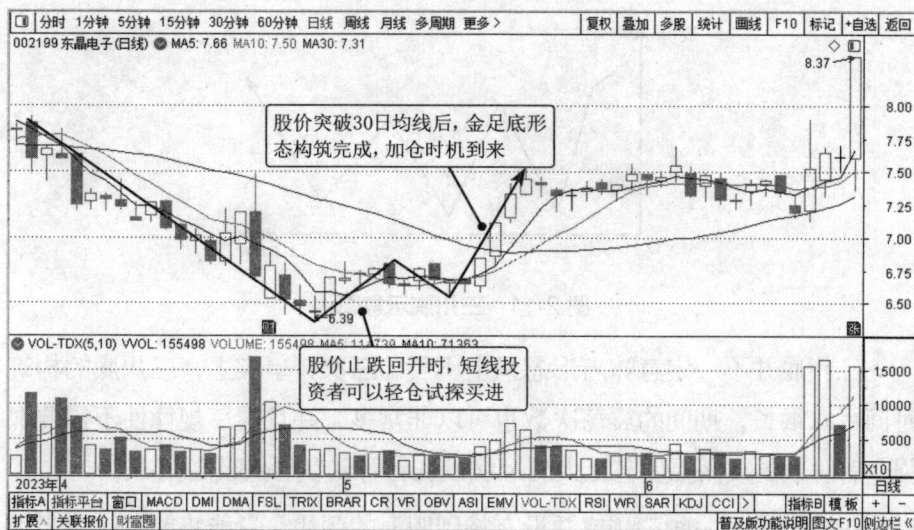

图 2-10　东晶电子 2023 年 3 月至 6 月的 K 线图

从图 2-10 中可以看到，东晶电子在 2023 年 4 月经历了一次相对沉重的下跌，股价一路从 8.00 元价位线附近跌至 6.50 元价位线以下，短期跌速较快，导致 30 日均线下行，覆盖在 K 线之上形成压制。期间股价形成过一次反弹，但高点在 30 日均线上受限，没能完成突破。

4 月底时，股价在 6.39 元价格处止跌，随后回升到了 6.75 元价位线附近，形成了横盘整理，整理区间的下边线高于前期低点，说明股价有企稳回升的可能，短线投资者此时就可以试探着在横盘期间轻仓买进。

5 月中旬，股价迅速收阳回升，并在数日内成功向上突破了 30 日均线。此时来观察整段走势会发现，K 线与 30 日均线的走势正好符合金足底的技术形态要求，并且 K 线已经成功突破了 30 日均线，金足底构筑完毕，传递出明确的看多信号。此时，一直在观望的短线投资者就可以继续买进，持股等待上涨。

2.1.6 三 川 底

三川底其实就是多重底，指的是股价在相对低位反复上下波动，形成的不规律震荡形态，如图 2-11 所示。

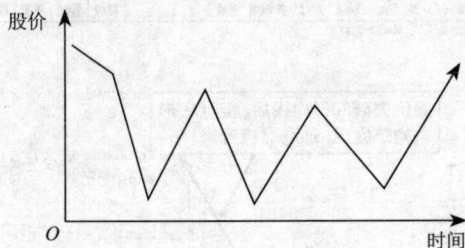

图 2-11 三川底示意图

三川底并不一定意味着形态只上下震荡三次，事实上，三川底的构筑时间可以很长，期间的震荡次数也可以非常多，并且震荡规律性不需要很强，有时候的震荡幅度甚至大到短线投资者可以参与低吸高抛。

正因如此，一些三川底并没有特别明显的颈线，只能将前期高点当作压力线。但当突破到来时投资者还是能很快判断出来的，因为股价的低点会明显上移，这也是股价即将进入新一波上涨的标志。

因此，若短线投资者在三川底构筑过程中低吸高抛，某一时刻发现股价有突破向上的迹象时，就可以对其保持高度关注，在突破位置加仓买进，增加获益筹码。

下面来看一个具体的案例。

实例分析
青达环保（688501）三川底的加仓时机

图 2-12 为青达环保 2022 年 3 月至 8 月的 K 线图。

从图 2-12 中可以看到，青达环保在较长一段时间内都处于低位震荡状态。早在 2022 年 4 月初，股价就开始了持续的下跌，直到跌出 12.47 元的阶段新低后，K 线才开始收阳回升。

　　此次股价回升的幅度较大，一直上升到靠近 60 日均线才彻底结束，为在低点买进的短线投资者带来了不错的收益。5 月中旬，股价拐头回落到 16.00 元价位线以下横盘运行。

　　5 月底，股价形成了又一次震荡上涨，但此次却成功突破了 60 日均线，在 18.00 元价位线下方才受阻滞涨。此次的高点位置与前期相近，因此，投资者可以将其当作关键压力线观察。

　　此时，股价已经有过数次震荡，并且都处于相对低位，三川底的形态开始展现出雏形。短线投资者若发现形态正在构筑，就可以在观望过程中尝试建仓，看后续是否有突破加仓的机会，就算判断失误，利用股价反弹高点卖出也来得及。

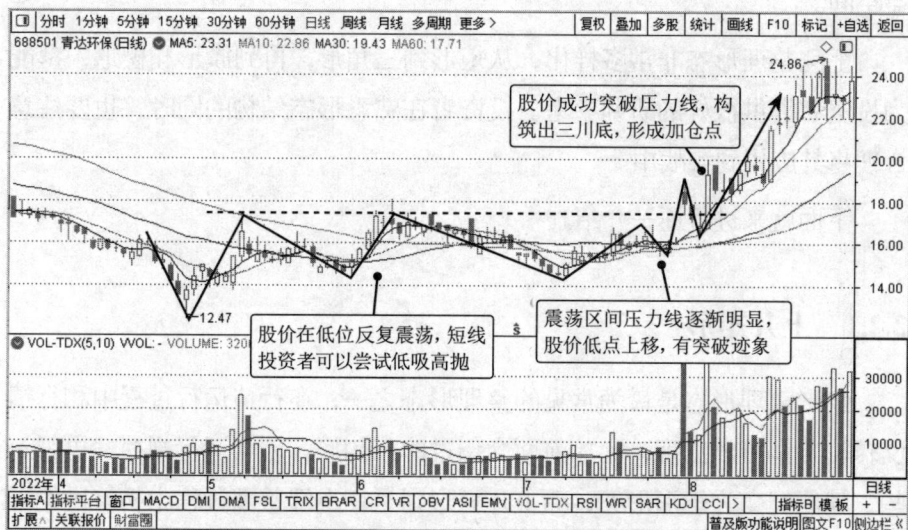

图 2-12　青达环保 2022 年 3 月至 8 月的 K 线图

　　在后续的走势中，该股逐步回落到 16.00 元价位线以下，并于 7 月上旬止跌再次回升。此次股价上涨的高度就不如之前了，但其回调的低点却明显上移，踩在中长期均线上得到了一定的支撑。这就说明股价有向上突破的可能，投资者可以对其保持观望，或是轻仓试探买进。

　　7 月底，K 线突然收出了一根大幅向上跳空的阴线，强势突破了前期压力线，但在次日就继续收阴下跌了，不能算作有效突破。

　　K线回落到压力线附近后得到支撑再次收阳，第二根阳线的涨幅达到了14.42%，彻底突破到了压力线之上，传递出了明显的看多信号。此时短线投资者也能看出三川底的形态了，那么当三川底构筑完毕时，投资者就可以适当加仓买进了。

2.2　上升期整理形态突破加仓

　　上涨整理形态的突破点也是很好的买入点，经验丰富的短线投资者甚至可以在整理期间就完成建仓，随后在股价回归上涨时再度加仓，增加获益空间。

　　上涨整理形态非常多样化，从矩形到三角形，再到旗形和楔形，都能为投资者提供很好的研判参考。投资者在熟悉形态结构的同时，也要注意合理将其应用到实战中。

　　下面就来进行逐一介绍。

2.2.1　上升矩形

　　矩形整理形态是最为常见的整理形态之一，在行情运行过程中和行情反转位置都可能出现，比如前面介绍过的三川底，若其运行规律性再强一些，就能转变为矩形形态，而上升矩形则是在上涨整理过程中构筑出的形态，如图 2-13 所示。

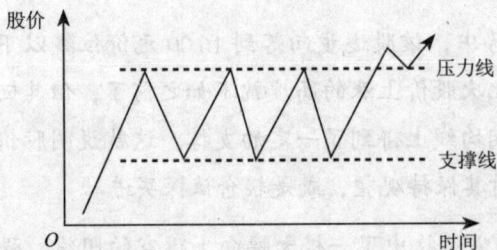

图 2-13　上升矩形示意图

上升矩形是股价上涨到一定位置后受阻横盘形成的，期间震荡的高点与低点分别持平，使得形态具有明显的矩形特征。当股价分别在横盘支撑线与压力线上落点三次后，上升矩形就算成型了。

上升矩形的震荡空间大小不一，有的仅仅是窄幅震荡，收出的 K 线实体也比较小，这种走势并不适合投资者参与；有的则可能形成巨幅震荡，一次涨跌就消耗半个月的时间，遇到这种上升矩形，短线投资者就可以适当参与其中赚取差价收益。

上升矩形运行到后期，股价若能成功向上突破形态上边线，并在回踩时得到支撑，新一波的拉升可能就会到来，至少短时间内的上涨基本能够确定。那么，短线投资者就可以在突破位或回踩位迅速加仓。

下面来看一个具体的案例。

实例分析

紫金矿业（601899）上升矩形实战解析

图 2-14 为紫金矿业 2022 年 11 月至 2023 年 4 月的 K 线图。

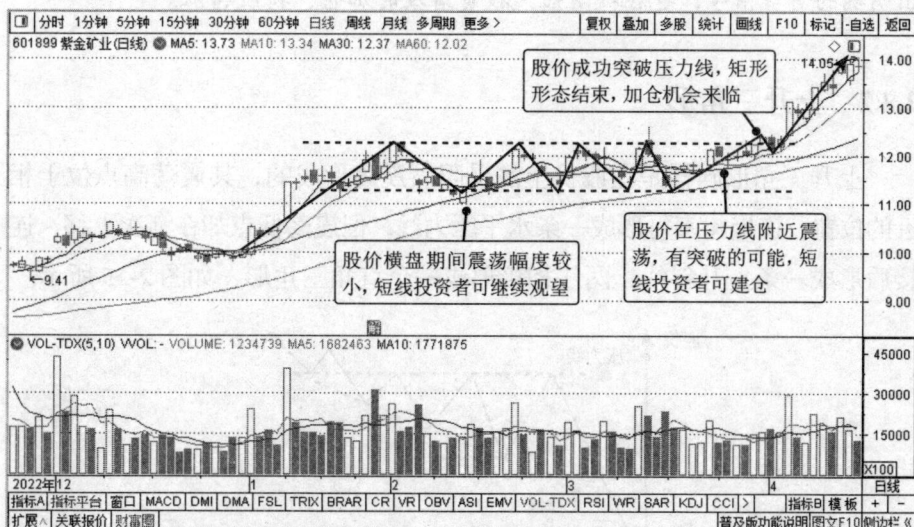

图 2-14　紫金矿业 2022 年 11 月至 2023 年 4 月的 K 线图

在紫金矿业的这段走势中可以看到，行情整体是上涨的，该股在 2022 年 12 月经历过一次回调后，在 30 日均线上得到支撑继续回升。期间该股形成过数次震荡，但幅度都不算大，直到向上运行到 12.25 元价位线附近，股价才出现了明显的回调走势。

2023 年 2 月中旬，股价跌至 11.00 元价位线上方企稳，随后收阳回升。但上方的压力依旧强劲，该股在 12.25 元价位线附近受阻后再次回落，跌到 11.00 元价位线上方。

在后续一个多月的时间内，该股反复在 11.50 元到 12.50 元进行震荡，逐渐形成了矩形整理形态。但由于股价震荡速度较快，幅度又比较小，经验不足的短线投资者参与其中可能有风险，因此，多数投资者还是以观望为佳，等待变盘的到来。

到了 3 月下旬，股价再次向上靠近压力线，但受阻回落的低点却落在了高于矩形下边线的 30 日均线上，整体呈现出即将变盘的趋势。此时，果断的短线投资者就可以提前建仓，但要注意控制仓位。

进入 4 月后，K 线大幅收阳，彻底向上突破了矩形形态的压力线，传递出明确的看多信号，也在提醒短线投资者及时加仓，持股待涨。

2.2.2　上升三角形

上升三角形同样是在股价上涨受阻后震荡形成的，其震荡高点位于相近的位置，连接起来可形成一条水平压力线，但震荡低点却在渐次上移，连接后形成一条上升斜线，两线相接形成一个直角三角形，如图 2-15 所示。

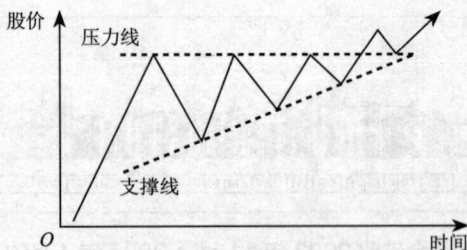

图 2-15　上升三角形示意图

很显然，上升三角形的成因就是市场意图推动价格向上突破，但始终未能凝聚足够的动能，导致高点都被限制在同一条压力线上。不过，这种上推也不是没有成效的，至少股价震荡的低点在逐步上扬，当其上移到接近压力线的位置时，变盘也就不远了。

不过需要注意的是，上升三角形也需要股价分别在支撑线与压力线上落点三次才能确定形态成立，否则其可靠性就会大打折扣。

一般来说，在上升行情中形成的上升三角形，最终的变盘方向都是向上的，短线投资者可以在确定形态形成后低位买进，等到股价突破压力线时顺势加仓。当然，投资者也可以等到变盘时买进，后续回踩企稳时再加仓，这样更加稳妥。

下面来看一个具体的案例。

实例分析

中国神华（601088）上升三角形实战解析

图 2-16 为中国神华 2021 年 11 月至 2022 年 3 月的 K 线图。

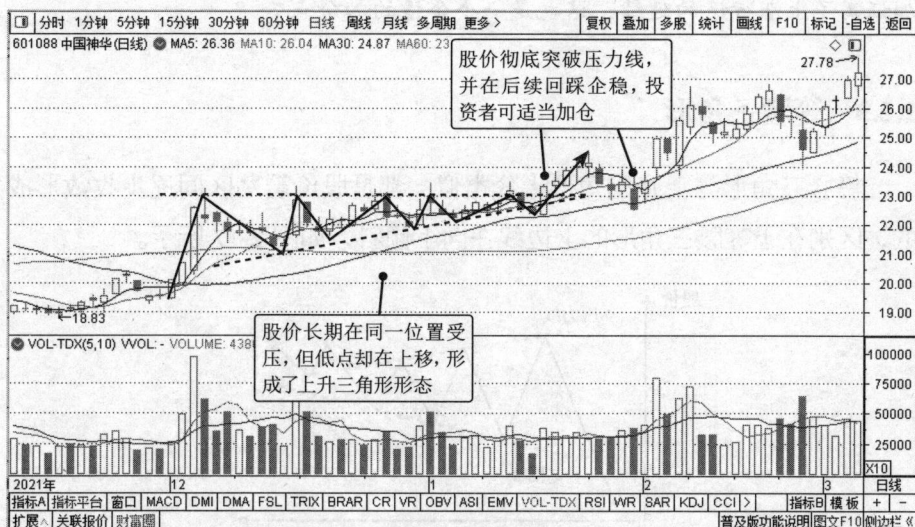

图 2-16　中国神华 2021 年 11 月至 2022 年 3 月的 K 线图

从图 2-16 中可以看到，中国神华长期处于上涨行情之中，2021 年 12 月初，K 线甚至收出了一根接近涨停的大阳线，大大加快了股价涨速。

但就在该阳线形成后，股价在 23.00 元价位线上受阻回落，低点落在了 21.00 元价位线附近。12 月中旬，股价再次收阳回升，但高点依旧未能有效突破前期压力线，不过回落的低点却有一定上移。

在后续的走势中，该股反复上攻试图冲破 23.00 元价位线的限制，但由于场内动能不足，股价始终未能成功突破，不过其震荡低点有明显上移。就这样震荡数次后，上升三角形形态构筑完成。

形态虽然得到了确定，但由于上升三角形的震荡区间会不断缩小，留给短线投资者的操作空间也在缩小。因此，投资者可以先行买进，但不着急在震荡期间卖出兑利，而是耐心等待变盘的到来。

进入 2022 年 1 月后，股价开始连续收阳上涨，并成功突破了上升三角形上边线，形成一个明确的买点，前期已经建仓的短线投资者此时就可以进一步注入资金了。

1 月底，股价小幅回调，落在前期压力线附近得到支撑后回归上涨，更加证实了上涨行情的延续，这也是一个合适的加仓点。

2.2.3 等腰三角形

等腰三角形与上升三角形十分类似，都是股价震荡区间逐步收敛形成的，区别在于等腰三角形的上边线在向下倾斜，如图 2-17 所示。

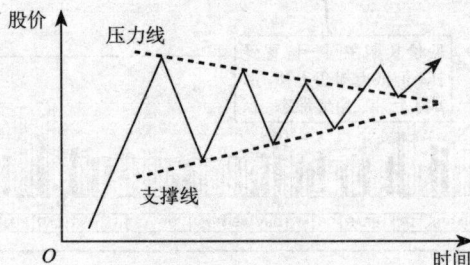

图 2-17 等腰三角形示意图

由于等腰三角形是由两边向中间收敛的，股价的高点和低点都在逐步靠近，因此，没有明显的趋势偏向，在行情的各个位置都可能出现，这一点与矩形形态又有些类似。

同样的，当等腰三角形形成于上升过程中，其变盘方向大概率会朝向上方，短线投资者是可以提前买进的。如果股价震荡幅度足够大，投资者甚至还可以借助股价的波动规律低吸高抛。

当然，投资者也不能排除等腰三角形结束后股价向下变盘的可能。如果投资者遇到了判断失误先行入场，当遇到股价后续下跌的情况，就要及时作出止损决策，避开后续的下跌。

下面来看一个具体的案例。

实例分析

宁波东力（002164）等腰三角形实战解析

图 2-18 为宁波东力 2020 年 11 月至 2021 年 3 月的 K 线图。

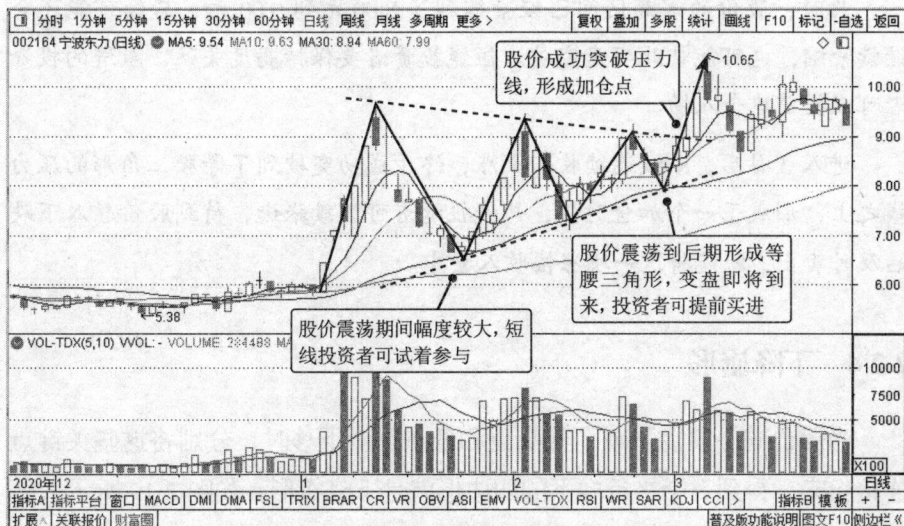

图 2-18　宁波东力 2020 年 11 月至 2021 年 3 月的 K 线图

图 2-18 中展示的是宁波东力上涨行情中的整理阶段，可以看到，该

股虽然在 2020 年 12 月表现比较平庸，但在进入 2021 年 1 月后，股价的涨速就有了巨大的提升。在短短数日内，价格就从 6.00 元价位线附近拉升至 9.50 元价位线以上，短期涨幅十分惊人。

不过，该股在 9.50 元价位线附近受阻后就进入了同样快速的回调之中，股价迅速下跌，落到了 30 日均线上，没有跌破前期低点，由此可见，该股还有上涨的可能。

1 月下旬，K 线开始连续收阳再次上攻，积极的涨势引来了大量短线投资者介入。数日之后，该股在 9.00 元价位线附近受阻回落，高点略低于前期。

2 月上旬，该股再次跌到 30 日均线上企稳，低点相较于前期又有所上移。此时，细心的投资者可能已经发现了等腰三角形的雏形，经过分析，下一次股价上冲的高点可能也会略微下移，落在前面两个高点的连线上，投资者由此对卖出时机也有了一定的把握。

果然，该股在 2 月下旬时向上接触到了前面两个高点的连线，并在此止涨回落，低点依旧在 30 日均线上，构筑出了一个等腰三角形形态。

此时，股价的震荡区间已经紧缩到了 8.00 元到 9.00 元，后续可能还会继续紧缩，也可能就此变盘突破。短线投资者要保持高度关注，激进的投资者可以提前建仓入场。

进入 3 月后，K 线连续收阳上涨，终于成功突破到了等腰三角形的压力线之上，形成了一个加仓时机，短线投资者可继续跟进，待到股价转入下跌后及时卖出，就能将这一段涨幅收入囊中。

2.2.4　下降旗形

当股价向下震荡下跌，其高点和低点同步下移时，分别将这些关键点连接起来，得到一个平行向下的四边形就是下降旗形，如图 2-19 所示。

下降旗形是股价上涨受阻后回调形成的，与前面几个偏向于横向震荡的整理形态不同，价格需要经过一段时间的下跌才能构筑出下降旗形。也就是说，下降旗形的出现意味着深度回调的进行。

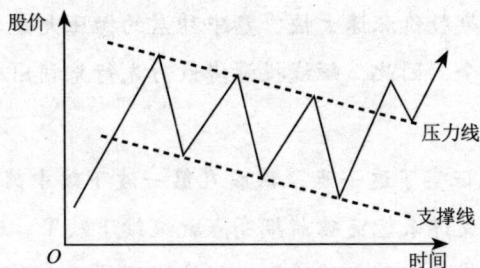

图 2-19　下降旗形示意图

由此可见，短线投资者在下降旗形构筑期间是不适宜参与的，尤其是跌幅较深、跌速较快的下降旗形，更需要短线投资者迅速止损出局，以避开这段下跌。

不过，尽管下降旗形构筑期间危险性较强，但整个形态发出的却是看多信号，毕竟上涨行情中的回调比比皆是，短线投资者完全可以在回调结束后重新买进。若股价能够在后期突破下降旗形的上边线，就能为短线投资者提供可靠的买进信号。

至于是否需要在形态构筑后期提前买进，就要根据实际情况及投资者自身的风险偏好而定了。若投资者有足够的把握，可以在下降旗形构筑完成后先行买进，这样能够降低一部分成本。不过这样做的风险可能要比在前面几个整理形态中提前买进高不少，投资者要注意把握风险与收益之间的平衡，切不可因小失大。

下面来看一个具体的案例。

实例分析

迎驾贡酒（603198）下降旗形实战解析

图 2-20 为迎驾贡酒 2021 年 7 月至 11 月的 K 线图。

从图 2-20 中可以看到，迎驾贡酒的股价从 2021 年 8 月下旬才开始有明显的上涨趋势，并且刚开始的涨速就极快，甚至收出了一根涨停倒 T 字线，大量短线投资者涌入其中。

经过了数十日的上涨，股价来到了接近 60.00 元价位线的位置，在此受阻后回调。由于前期股价涨速太快，盘中积累的抛压大概率会通过一段时间的下跌才能释放完全，因此，短线投资者最好先行兑利出局，等待下一次买进时机的到来。

股价的表现也证实了这一点，该股在第一波下跌中落到了 50.00 元价位线上，随后形成的反弹未能突破前期高点就继续下跌了。这样的走势多次重复后，构筑出了下降旗形形态的雏形。但此次下跌还未到达尽头，短线投资者依旧不可轻易介入。

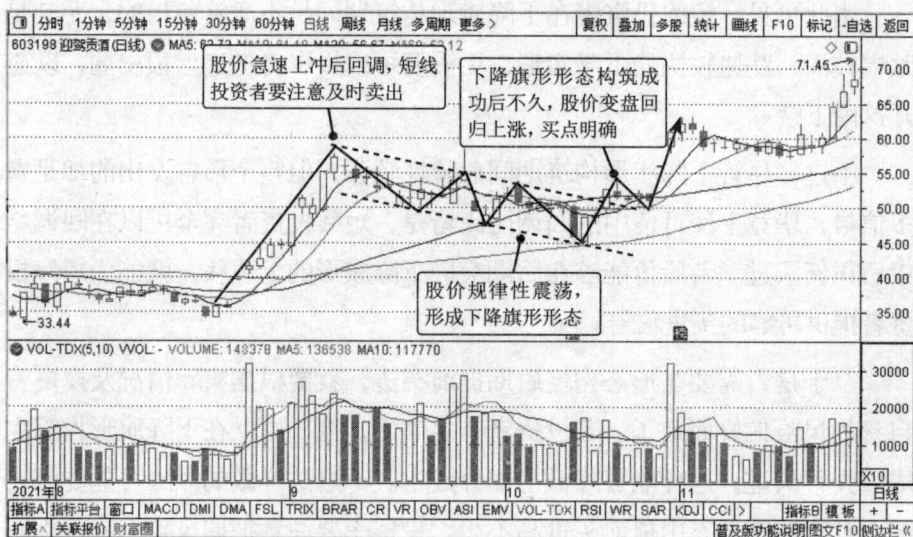

图 2-20　迎驾贡酒 2021 年 7 月至 11 月的 K 线图

继续来看后面的走势。到 10 月中旬时，股价已经落到了 45.00 元价位线附近，也是 60 日均线上方。此时，下降旗形的上下边线都已经与股价接触了三次，形态已经构筑完毕，这也意味着股价的回调可能已经进入尾声，短线投资者可以尝试着轻仓买进了。

股价在 60 日均线处得到了足够的上推动能，开始连续收阳上涨，并在接触到下降旗形上边线时一举突破，成功运行到了其上方，说明股价的新一波拉升即将到来，短线投资者可以顺势加仓了。

在后续的走势中，股价有过小幅回调，并踩在下降旗形上边线上企稳，这里也可以视作买点。

2.2.5　下降楔形

下降楔形是下降旗形的变形形态，同样是由股价回调下跌造成的，但下降楔形的高点下移速度要略快于低点，导致震荡区间向下收敛，分别连接高点和低点后，会形成一个类似楔子的形态，如图 2-21 所示。

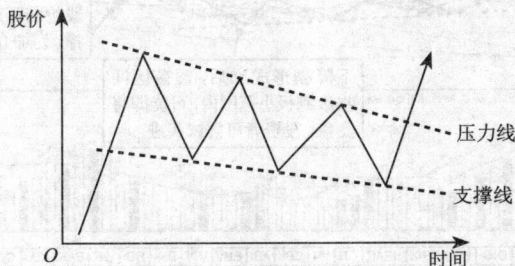

图 2-21　下降楔形示意图

下降楔形的形成原因和含义与下降旗形基本类似，只是下跌的速度可能会更快。并且形态在运行到后期时，震荡区间的紧缩也会使得突破时机变得更好判断。那么，短线投资者在决策时就要更加果断，该卖出时及时卖出，该建仓时也不要犹豫。

下面来看一个具体的案例。

实例分析

联特科技（301205）下降楔形实战解析

图 2-22 为联特科技 2023 年 1 月至 4 月的 K 线图。

从联特科技的这段股价走势中可以看到，该股在 2023 年 2 月初开启了一波急速的拉升，股价连续向上跳空，短短数日内就从 45.00 元价位线以下突破到了 75.00 元价位线之上，短期涨幅非常可观。

不过，股价在小幅跃过 75.00 元价位线后就滞涨回调了，刚开始的跌速还不算快，在 2 月底才落到 60.00 元价位线附近，为短线投资者留下了充足的撤离时间。

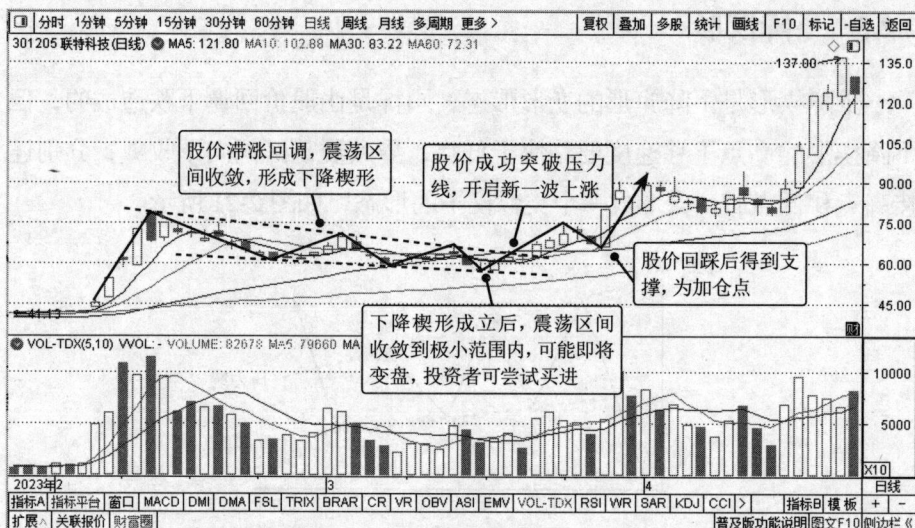

图 2-22　联特科技 2023 年 1 月至 4 月的 K 线图

继续来看后面的走势。股价在 60.00 元价位线附近止跌后回升，但还未接触到 75.00 元价位线便被压制向下，落到了更低的位置。在后续的一段时间内，股价反复震荡下行，但震荡区间却在持续压缩，逐渐形成了下降楔形的形态。

到了 3 月中旬时，K 线第三次落到了震荡区间下边线上，完成了下降楔形的构筑。而此时股价的震荡区间也被压缩在了一个极小的范围内，变盘随时可能发生，短线投资者此时就可以尝试买进了。

果然，数日之后股价就成功收阳向上突破了下降楔形的压力线，并在后续的回踩中得到了明显的支撑，说明此次突破是有效的。那么，已经建过仓的短线投资者就可以在此处继续加仓了。

2.3　行情各处的 K 线组合突破形态

K 线组合突破形态的自由度相较于前面介绍的形态来说要高不少，尽管有些形态对形成位置有特殊要求，但也有很多形态在行情的各个位置都可能出现，为短线投资者提供丰富的买进信息。

除此之外，这些组合形态的构筑时间也非常短，往往是由数根 K 线构成的，研判快捷，耗时不长，很适合短线投资者使用。

2.3.1　早晨之星

早晨之星由三根 K 线构成，第一根 K 线为长实体阴线；第二根 K 线为实体向下跳空的小 K 线，不分阴阳，但十字星最好；第三根 K 线则是一根大幅上行的长阳线，实体深入第一根阴线内部，如图 2-23 所示。

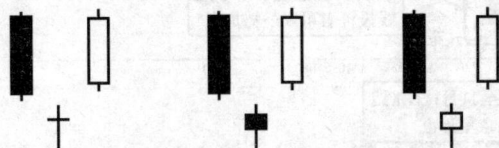

图 2-23　早晨之星示意图

从图 2-23 中可以看出，早晨之星属于底部反转形态，三根 K 线分别代表了股价的下跌、停滞和反转，是一种比较可靠的买进形态。

一般来说，早晨之星若出现在股价长期下跌后的底部，反转信号会更加强烈。但对于短线投资者来说，无论是深度回调底部还是下跌行情底部，早晨之星都能为短线操盘提供一定的参考。

同时需要注意，就算短线投资追求快进快出，也不要在早晨之星彻底构筑完毕之前就着急建仓。毕竟早晨之星只由三根 K 线构成，其可靠性终究没有构筑时间长达月余的筑底形态高，有些时候也会形成误导和欺骗信号。

因此，短线投资者可以在早晨之星形成后轻仓买进，待到后续股价明显转入上涨后，再继续加仓也不迟。

下面来看一个具体的案例。

实例分析

喜临门（603008）早晨之星组合形态分析

图 2-24 为喜临门 2022 年 9 月至 2023 年 1 月的 K 线图。

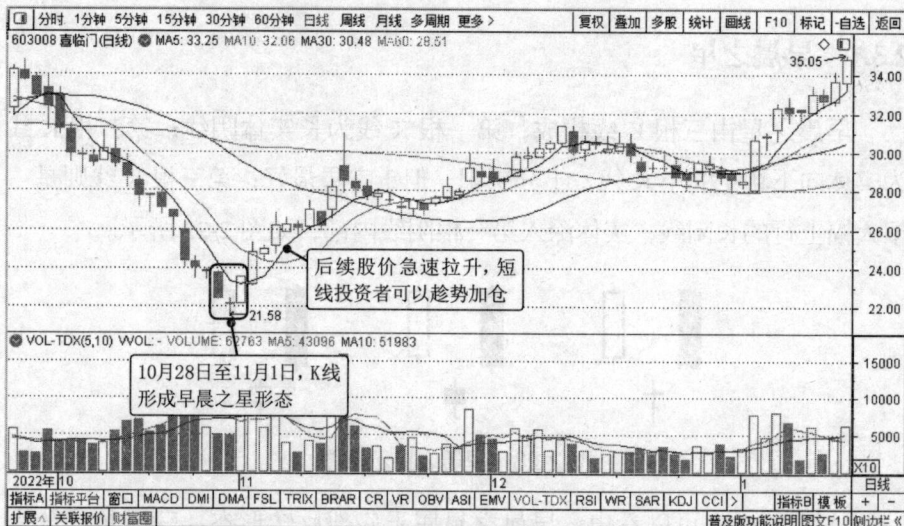

图 2-24　喜临门 2022 年 9 月至 2023 年 1 月的 K 线图

图 2-24 为喜临门涨跌趋势变化的过程，可以看到，该股在 2022 年 10 月基本都处于下跌状态，并且跌速还比较快，许多短线投资者都已经撤离到场外观望。

10 月 28 日，股价再次大幅收阴急跌，落到了 22.00 元价位线上方。但次日 K 线却收出了一根小阴线，减缓了跌势。11 月 1 日，股价更是在开盘后持续上扬，当日以大阳线报收。

从这三个交易日股价的表现来看，第二根小阴线的实体向下跳空，第三根阳线的实体也深入到第一根阴线的内部，完全符合早晨之星的技术形态要求，释放出了强烈的反转信号，反应快的投资者在形态形成后的次日就迅速跟进建仓了。

在后续的走势中，股价持续收阳上涨，短短数日内就冲到了 26.00 元价位线以上，涨势十分积极。短线投资者这时就可以趁机加仓，增加获利筹码。

2.3.2 旭日东升

旭日东升也是一种常出现在底部反转位置的看多形态,它由两根长实体 K 线构成,前阴后阳。其中,阳线的开盘价需要高于阴线的收盘价,阳线的收盘价则要高于阴线的开盘价,二者呈现出错落咬合的状态,如图 2-25 所示。

图 2-25 旭日东升示意图

尽管旭日东升对于 K 线的上下影线没有过多要求,但 K 线实体越长,影线越短,传递出的信号就越强烈和可靠。而短线投资者在遇到这样的形态时,应对策略与早晨之星是一样的,即形态成立后建仓,待到股价确定上涨趋势后伺机加仓。

下面来看一个具体的案例。

实例分析

双星新材(002585)旭日东升组合形态分析

图 2-26 为双星新材 2022 年 3 月至 6 月的 K 线图。

在双星新材的这段走势中,股价正在递转下跌趋势。2022 年 4 月,K 线大部分时间都在收阴下跌,市场交投也相对冷淡。

4 月 26 日,该股继续收阴下跌,创出了 11.47 元的阶段新低。4 月 27 日,股价却在高开后向上攀升,下午时段开盘后更是急速拉升到达涨停,当日收出了一根光头大阳线。

将两个交易日的 K 线结合来看,阳线开盘价高于阴线收盘价,阳线收盘价则高于阴线的开盘价,符合旭日东升的技术形态要求。再加上阳线的急速涨停走势,股价未来向好的可能性更大了,短线投资者此时就可以迅速跟进建仓，操作能力好的投资者甚至可能在 4 月 27 日股价涨停之前就介入。

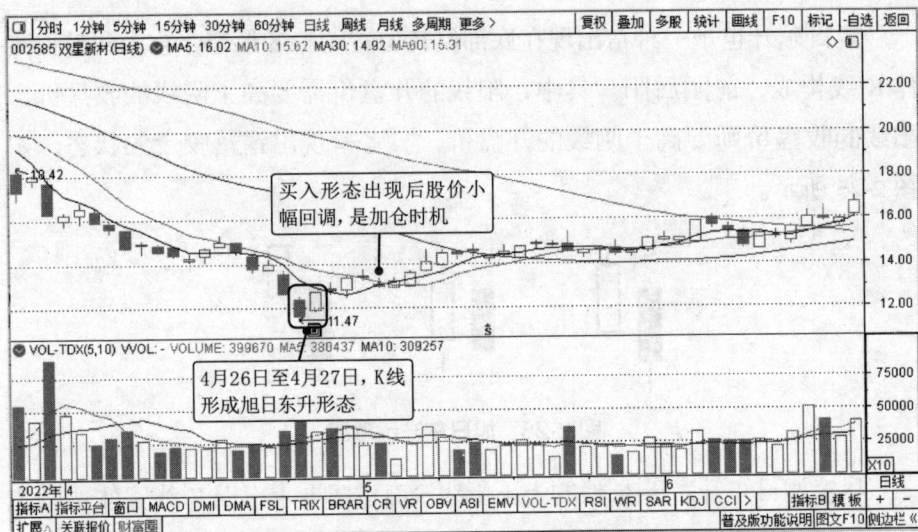

图 2-26　双星新材 2022 年 3 月至 6 月的 K 线图

从之后的走势可以看到，该股经过数日上涨后来到了 14.00 元价位线附近，在此受阻后小幅回落，跌到 10 日均线上得到支撑后继续上涨，进一步确定了突破的成功。此时，短线投资者就可以继续跟进加仓了。

拓展知识　**与旭日东升十分相似的曙光初现**

曙光初现也是一种反转形态，与旭日东升十分类似，唯一的区别就在于阴阳线的高低位置关系上。旭日东升的阳线位于阴线上方，寓意红日已经从云层中升起。而曙光初现的阳线则位于阴线下方，寓意红日虽未突破云层，但已经有曙光乍现，如图 2-27 所示。

图 2-27　曙光初现示意图

曙光初现与旭日东升的含义是一样的，只是在形态上稍有不同，短线投资者若遇到了这种形态，也可按照旭日东升的操作方式来应对。

2.3.3　看涨吞没线

看涨吞没线由两根及以上的 K 线构成，其中的研判关键在于最后一根长实体阳线，该阳线的实体能够向前吞没多少根小 K 线，决定了形态买进信号的强烈程度，如图 2-28 所示。

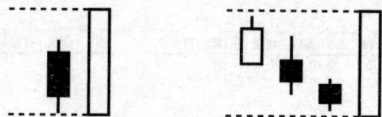

图 2-28　看涨吞没线示意图

看涨吞没线前期形成的小 K 线不分阴阳，只要能被纳入最后一根阳线的实体范围内，它就属于形态的一部分。并且被吞没的小 K 线越多，形态释放出的看涨信号就越可靠。

注意，需要大阳线的实体向前吞没小 K 线，上下影线是不参与吞没形态的。同时，阳线的实体也需要完全吞没整根小 K 线，包括其影线，这样的形态才算标准。

当看涨吞没线形成后，股价大概率会继续向上突破，或者经过短暂整理后继续拉升。短线投资者可以在看涨吞没线形成后及时建仓买进，待到股价回调整理时继续加仓。

下面来看一个具体的案例。

实例分析

天合光能（688599）看涨吞没线组合形态分析

图 2-29 为天合光能 2022 年 3 月至 6 月的 K 线图。

从图 2-29 中可以看到，天合光能在 2022 年 4 月还处于下跌状态，期间尽管形成过几次反弹，但都没能彻底突破中长期均线的限制，因此，也并不适合短线投资者参与。

到了 4 月底时，这种颓势状态得到了缓解，该股在 45.00 元价位线附近横盘了两个交易日。4月27日，股价开盘后整体走高，盘中最高涨幅甚至达到了9%以上，但最终还是小幅回落，以7.98%的涨幅收出了一根大阳线。

仔细观察K线图可以发现，这根大阳线的实体向前吞没了两根低位横盘的小阴线，同时也突破了45.00元的压制，形成了看涨吞没线形态，再加上当日的积极走势，短线投资者完全可以趁早建仓。

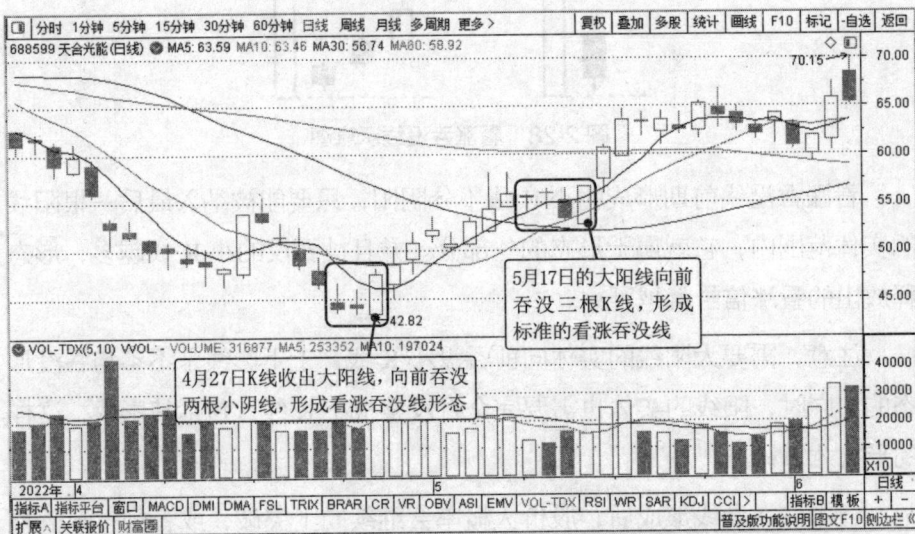

图2-29　天合光能2022年3月至6月的K线图

从后续的走势可以看到，该股在此之后积极上涨，阳线几乎没有停滞地形成。直到成功突破30日均线，K线才小幅收阴，踩在30日均线上整理，可见涨势之迅猛，短线投资者的加仓时机众多。

5月17日，该股整理结束，在中长期均线的支撑下再次大幅向上攀升，当日收出了一根涨幅达到6.59%的大阳线，成功向前覆盖住了横盘的三根小K线，形成了又一根看涨吞没线。

在股价横盘结束的同时形成看涨吞没线，无疑是拉升即将继续的积极信号，再加上30日均线也有向上转向的迹象，股价短时间内的上涨走势几乎可以确定。此时，无论短线投资者是否在前期建过仓，都可以在此处继续买进，等待后续上涨。

2.3.4 多方炮

多方炮由三根 K 线构成，第一根和最后一根都是阳线，只有中间的 K 线是阴线，因此，多方炮有时也被称为两阳夹一阴，如图 2-30 所示。

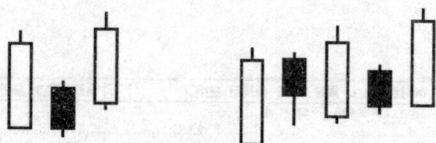

图 2-30 多方炮示意图

不过，与普通的两阳夹一阴不同，多方炮需要中间阴线实体的上下两端至少要与其中一根阳线的实体一端齐平，或处于相近的位置，这样的多方炮才足够标准。

在很多时候，多方炮是会连续形成的，图 2-30 右侧展示的是多阳夹多阴形态，这种形态依旧释放的是看多信号，且留给投资者的低位吸筹机会就更多了，短线投资者可以趁着 K 线收阴时多次买进，但前提是需要确定多方炮已经形成。

下面来看一个具体的案例。

实例分析

新奥股份（600803）多方炮组合形态分析

图 2-31 为新奥股份 2022 年 7 月至 9 月的 K 线图。

在图 2-31 中，新奥股份正处于积极上升的走势之中。自从 2022 年 8 月初股价创出 16.00 元的阶段新低后，K 线就开始连续收阳上涨，并逐渐突破到了中长期均线之上，涨势积极，许多短线投资者已经参与其中。

不过，股价对中长期均线的突破也不是那么容易的，在突破期间，K 线也收出了数根阴线，形成了一定的震荡。

但投资者只要仔细观察 K 线之间的位置关系就可以发现，在 8 月 15 日到 8 月 19 日，三根阳线错开夹住了两根阴线，并且阴线的实体上端分别与其中一根阳线的实体上端基本齐平，五根K线组合形成了连续多方炮的看多形态。

在上涨过程中形成的连续多方炮，结合K线正在进行的对中长期均线的突破，买入信号逐渐强烈。那么，短线投资者就可以趁此机会逢低吸纳，降低持股成本。

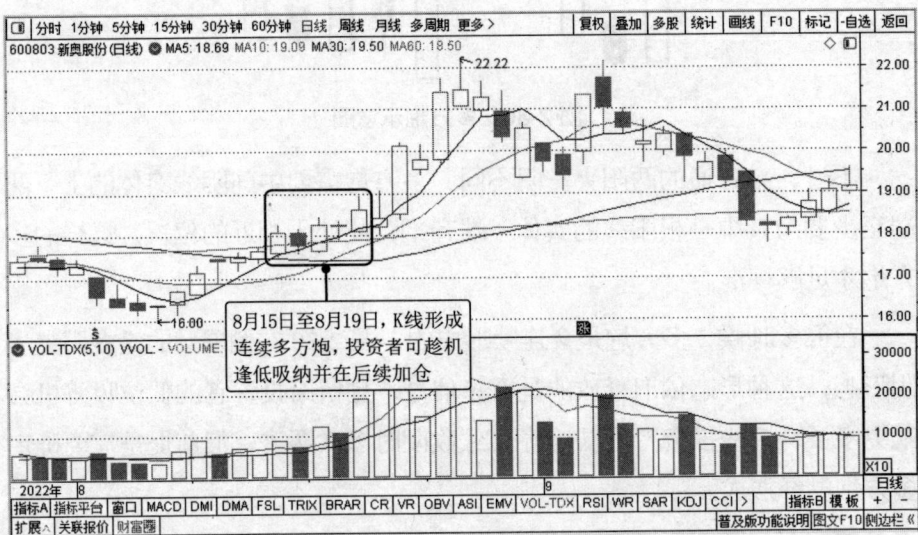

图 2-31　新奥股份 2022 年 7 月至 9 月的 K 线图

2.3.5　前进三兵

前进三兵是由三根连续形成的阳线构成的，根据阳线实体长度的不同，可将其分为标准前进三兵、升势受阻和升势停顿三种形态，如图 2-32 所示。

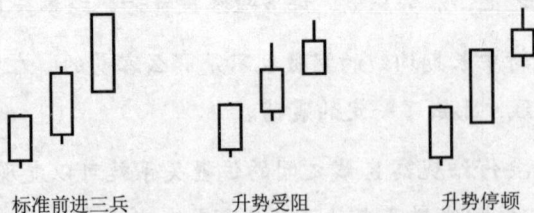

标准前进三兵　　　升势受阻　　　升势停顿

图 2-32　前进三兵三种形态示意图

标准前进三兵要求三根阳线的实体越来越长，涨幅越来越大，同时影线较短，后一根阳线的开盘价需要位于前一根阳线的实体内部，或是处于与前一根阳线收盘价相近的位置。这是前进三兵三大形态中看涨信号最为强烈的一种，也是投资者最希望遇见的前进三兵形态。

升势受阻前进三兵意味着 K 线在收阳时实体有所缩减，上影线有所拉长，这代表着上方有压力，股价涨势可能不会太积极。相较于标准前进三兵，升势受阻前进三兵的看涨信号稍弱，但投资者依旧可以买进。

升势停顿前进三兵是相对弱势的形态，最后一根阳线的实体会比较小，上影线也可能拉长，代表着股价即将进入整理。它其实并不能算作看多形态，毕竟投资者无法准确判断股价后续会不会进入上涨，因此，投资者在遇到该形态时最好暂缓买进，观察数日后再作决断。

下面来看一个具体的案例。

实例分析

石头科技（688169）前进三兵组合形态分析

图 2-33 为石头科技 2020 年 10 月至 2021 年 1 月的 K 线图。

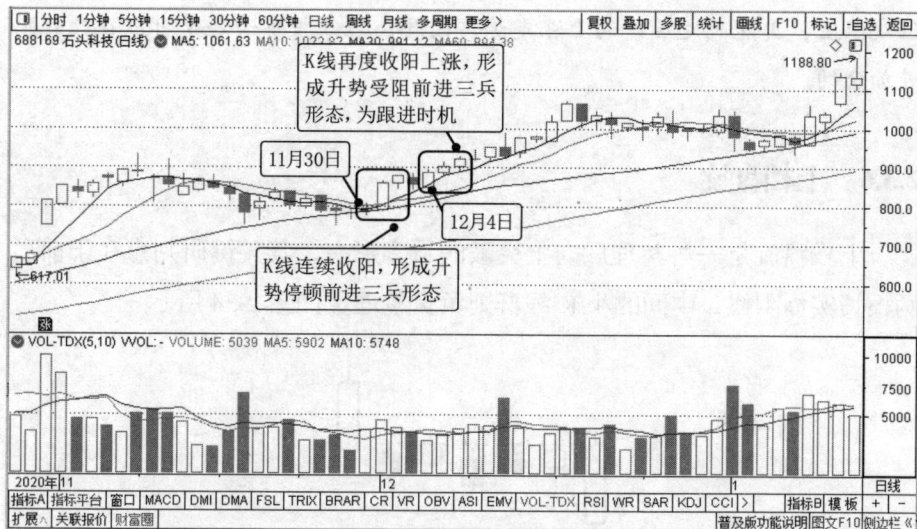

图 2-33　石头科技 2020 年 10 月至 2021 年 1 月的 K 线图

从图 2-33 中可以看到，石头科技正处于持续的上涨行情之中，但在 2020 年 11 月上旬，股价上涨至 900.00 元价位线附近受阻后，还是形成了一段时间的回调整理，不过下调幅度不大。

11 月底，该股跌至 30 日均线附近得到支撑，随后开始连续收阳上涨。11 月 30 日正是 K 线收阳的第一个交易日，当日涨幅虽然不大，但也算开了一个头。在后续的两个交易日内，股价接连上涨，只是在接近 900.00 元价位线时稍微停顿，导致第三根阳线实体较小。

可以看出，这三根连续的阳线共同构成了升势停顿前进三兵形态，说明 900.00 元价位线上依旧存在较大压力，股价短时间内突破有困难。那么，谨慎的短线投资者就可以不着急买进，激进的投资者若要建仓，也不能过重。

从后续的走势中可以看到，该股次日确实收阴横盘了，但再往后一个交易日，也就是 12 月 4 日，股价就开始回归上涨，并形成了连续收阳的走势。

观察后续这三个交易日的 K 线可以发现，三根阳线的实体都有重叠之处，并且后两根阳线的实体较短，带有明显的上影线，说明其构成的是升势受阻前进三兵形态。

从理论上来说，升势受阻前进三兵也算是看涨形态，只是积极性不如标准前进三兵强而已，再加上形态的第三根阳线已经成功突破到了 900.00 元价位线以上，更能确定后续的上涨走势，因此，短线投资者还是可以在此处跟进加仓的。

2.3.6　上档盘旋

上档盘旋是一种整理后向上突破的看多形态，其关键研判点在于前后两根长实体阳线，中间的小 K 线群则负责整理，如图 2-34 所示。

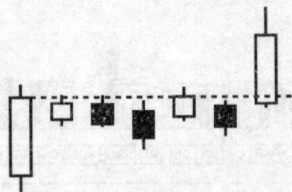

图 2-34　上档盘旋示意图

从图 2-34 可以看到，上档盘旋的第一根阳线将股价带到了压力线附近，随后形成的小 K 线会围绕这一压力线横盘震荡，最后 K 线大幅收阳向上突破该压力线，形态成立。

两根阳线，尤其是最后一根阳线的实体越长，中间小 K 线的震荡幅度越小，上档盘旋形态就越标准，其释放出的买入信号也越强烈和可靠。

如果股价原本就处于上涨行情之中，小 K 线震荡的幅度极小，并且明确被限制在某一压力线下方，那么后市变盘向上的概率还是很大的，激进的短线投资者可以在横盘期间试探着建仓。

而在 K 线收阳突破压力线的同时，谨慎的短线投资者也可以买进了，同时这也是激进投资者的加仓机会。待到后续股价确定了上涨趋势，投资者还可以继续加码，但要注意仓位控制。

实例分析

科沃斯（603486）上档盘旋组合形态分析

图 2-35 为科沃斯 2020 年 11 月至 2021 年 2 月的 K 线图。

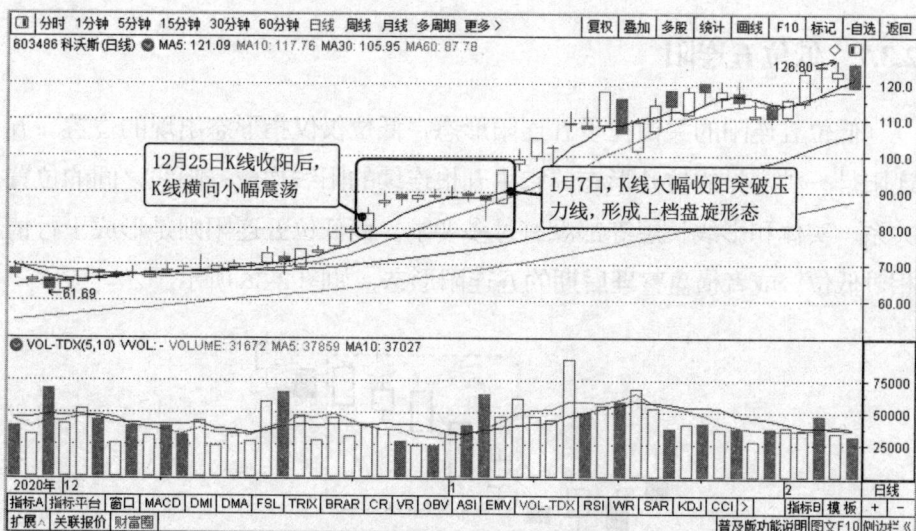

图 2-35　科沃斯 2020 年 11 月至 2021 年 2 月的 K 线图

在科沃斯的这段走势中，整体趋势是积极向上的，这一点从中长期均线的持续上扬就可以看出，大量短线投资者参与其中，盈利机会众多。

在 12 月中旬之后，股价的涨速有了明显的加快，阳线实体拉长了不少。12 月 25 日，K 线照常收阳上涨，向上接近了 90.00 元价位线。次日，K 线实体跳空上涨，但在接触到 90.00 元价位线后形成了明显的滞涨，导致当日以小阳线报收。

在后续的数日时间内，K 线连续收出了数根实体极小的小 K 线，并且明显都被限制在 90.00 元价位线下方横盘，震荡幅度也极小，走势非常特殊，有形成上档盘旋的可能，激进的短线投资者可轻仓试探。

进入 2021 年 1 月后，随着 10 日均线的上行靠近，该股于 1 月 7 日开盘后持续上扬，最终在下午时段达到涨停板，当日收出一根光头光脚的涨停大阳线，大幅向上突破了 90.00 元价位线的压制。

此时，上档盘旋形态已经展现得十分清晰了，关键压力线也被突破，更加坚定了投资者买进的信心。前期已经建仓的投资者可以趁势加仓，还在观望的投资者则可以迅速跟进，抓住后续涨幅。

2.3.7 低位五连阳

低位五连阳的关键在于五连阳形态，低位仅仅指形态出现的位置。五连阳是一种常见的拉升形态，它由五根连续的阳线构成，阳线之间的位置关系、实体和影线长短等都没有过多要求。而低位五连阳则是形成于行情相对低位，或者横盘整理后期的五连阳形态，如图 2-36 所示。

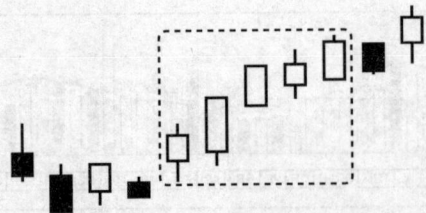

图 2-36 低位五连阳示意图

　　虽然形态对阳线的位置关系没有做太多要求，但至少需要保证五根阳线是渐次上移的。若五根阳线多数为走平或是震荡，就不能称为五连阳。

　　低位五连阳形成于拉升初始，是很关键的看涨信号，也是市场积极追涨的标志，短线投资者完全可以在五连阳形成期间就建仓或加仓入场。

　　但需要注意的是，有低位五连阳就有高位五连阳。当股价经过一段时间的上涨后来到了相对高位，K 线再次连续收出五根阳线，就有可能是市场集中力量的最后一波上攻。待到五连阳形态结束，股价就可能进入回调整理之中。因此，短线投资者一定要注意分辨五连阳的高低位置，避免判断失误，高位买进被套。

　　下面来看一个具体的案例。

实例分析

联特科技（301205）低位五连阳组合形态分析

　　图 2-37 为联特科技 2023 年 3 月至 5 月的 K 线图。

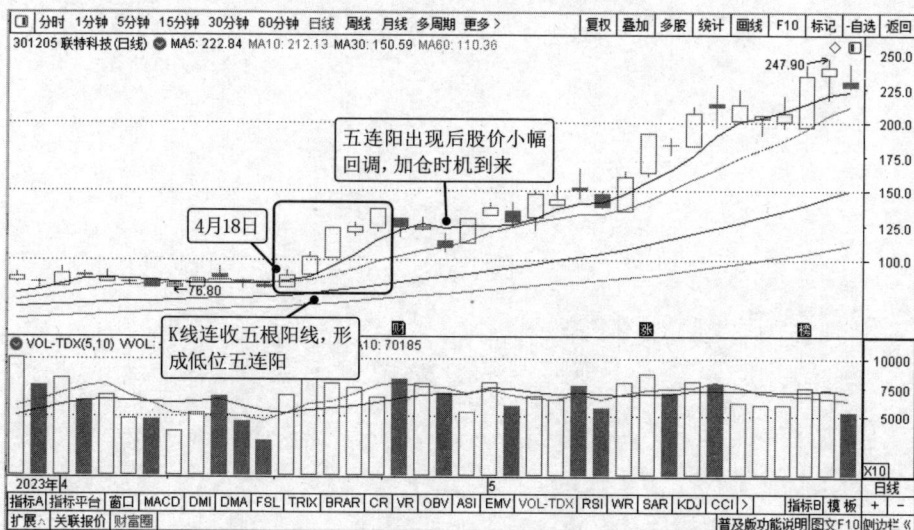

图 2-37　联特科技 2023 年 3 月至 5 月的 K 线图

　　从图 2-37 中可以看到，联特科技在 2023 年 4 月中旬之前还处于横盘整理阶段，股价长期被压制在 100.00 元价位线以下。但从中长期均线持续上扬的表现来看，该股还是有继续上涨的可能的，短线投资者可给予一定关注。

4月18日，股价高开后震荡走高，收出了一根涨幅达到 12.21% 的大阳线，拉开了新一波上涨的序幕。在后续的四个交易日内，K 线连续收阳，单日涨幅都极大，中间甚至还有一个交易日实现了 20% 的涨幅，短期收益相当惊人，短线投资者可借此机会建仓买进。

待到第五根阳线也形成后，低位五连阳形态就显现出来了。尽管在此之后股价小幅回调整理，但跌到 10 日均线上就企稳回升了，反而为投资者提供了低位吸纳的机会。

第 3 章

经典理论突破短线补仓点

股市中存在大量的系统性理论，许多理论为技术分析奠定了坚实的基础。短线投资者如果能够从这些经典理论中汲取到适合自己的操盘方法，还是有很大机会提高补仓成功率的。

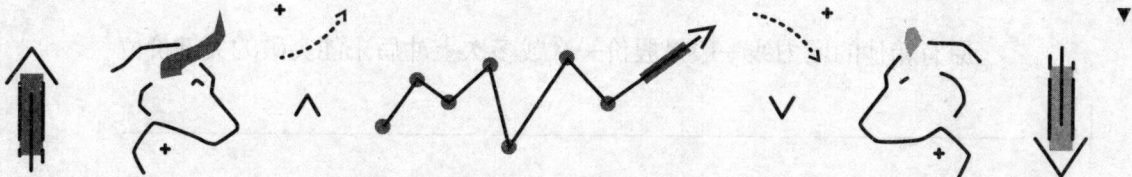

3.1 箱体理论突破位置加仓

箱体理论认为一段完整的行情是由多个箱体构成的，每一个箱体都有其支撑线和压力线。当股价滑落到箱体的底部，即支撑线附近时，会受到买盘注资的支撑；当股价上升到箱体的顶部，即压力线附近时，会受到卖盘抛售的压力。

从图 3-1 中可以看到，在上涨行情中，一旦股价有效突破原箱体的顶部，股价就会进入一个新的箱体里运行，原箱体的顶部将成为重要的支撑位。反之，在下跌行情中，如果股价有效跌破原箱体的底部，运行到新箱体内后，原箱体的底部将成为重要的压力位。

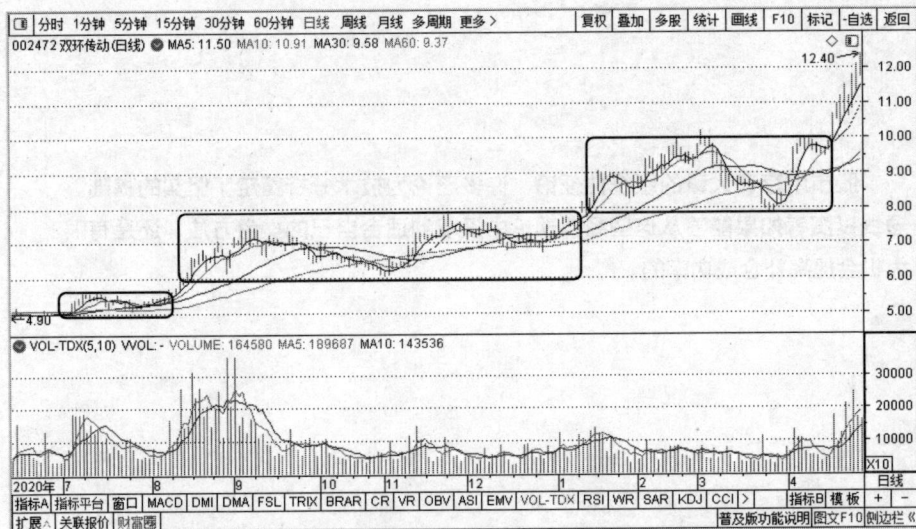

图 3-1　K 线走势中的多个箱体

由此可见，箱体理论中的突破形态还是比较丰富的，能够为短线投资者带来不少助益，下面就针对这些突破形态进行详细解析。

3.1.1　K 线突破原有箱体压力线

原有箱体的压力线一般是股价一次或多次上冲后未能突破的关键价位

线，判断股价对该压力线的突破是否有效，除了观察其是否符合三三原则之外，股价回踩企稳的走势也能很好地证明，如图 3-2 所示。

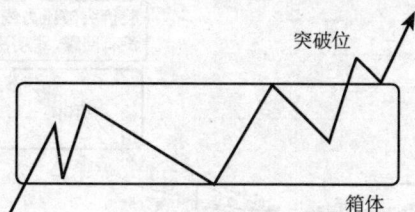

图 3-2　K 线突破原有箱体压力线示意图

　　无论是在上涨行情还是在下跌行情之中，K 线对原有箱体压力线的突破都是一个很好的买进信号。前者说明股价脱离原有价位区间，进入更高的区域内运行，短期涨幅可观；后者则说明股价可能即将进入强势反弹，或是转入新的上涨行情之中，买进信号就更加强烈了。

　　对于短线投资者来说，无论在何种行情中，当 K 线突破原有箱体压力线时，投资者都可以尝试着跟进建仓。如果股价后续能够通过回踩或其他方式确定上涨趋势，投资者再加仓就有机会获得更高的收益。

　　当然，如果经验丰富的投资者能够在股价突破之前，通过其表现判断出即将突破的信号，比如低点上移、成交量大幅放量等，就可以在股价突破压力线之前建仓。这样比较冒险，但可以有效降低持股成本，投资者应根据自身情况衡量是否采用这种策略。

　　下面先来看在上涨行情中 K 线突破原有箱体压力线时，短线投资者的分析过程和应对方式。

实例分析
江山欧派（603208）上涨之中 K 线突破箱体压力线

　　图 3-3 为江山欧派 2019 年 9 月至 2020 年 4 月的 K 线图。

　　图 3-3 中展示的是江山欧派的上涨行情，可以看到，股价整体走势是向好的，期间虽形成过多次震荡，但规律性都很强，投资者若将其进行划分，

可得到多个箱体分段，下面来看分解。

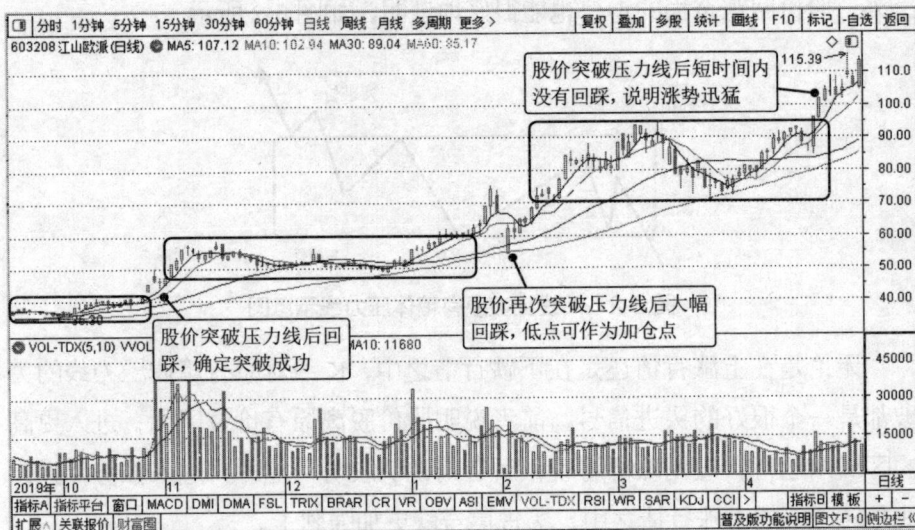

图3-3　江山欧派2019年9月至2020年4月的K线图

　　第一个箱体在2019年10月形成，股价在35.00元到40.00元内震荡，当其上涨至箱体压力线附近时横盘了较长一段时间，说明箱体上边线压制力还是比较强的，短线投资者此时最好以观望为主。

　　10月底，K线开始强势收阳上涨，成功突破了压力线，并在后续形成了一次小幅回踩，确定了突破的有效性。此时，短线投资者就可以大胆建仓入场了，前期已经买进的投资者还可以适当加仓。

　　股价进入新箱体后，很快就接触到了箱体上边线，即60.00元价位线。该股在此价位线上受阻后回落到50.00元价位线附近，接触到了箱体的支撑线。在后续两个多月的时间内，股价都维持在该箱体内运行。

　　12月底，中长期均线向上运行靠近了K线，并带动K线脱离横盘向上运行。股价刚开始的涨速就比较快，并且涨势十分稳定，许多短线投资者已经抓住机会建仓入场了，谨慎的投资者还可以等待一段时间，等到箱体被突破后再决策。

　　2020年1月中旬，股价上涨至箱体压力线附近后受阻横盘了一段时间，最终还是成功将其突破，继续以极快的速度上冲。但在 1 月底时，股价突然大幅收阴下跌，期间还形成了一个一字跌停，导致股价回踩并小幅跌破了前期箱体的下边线，不过在 60 日均线的支撑下止跌回升了。

这样的异常走势很可能是主力震仓所致，目的在于逼迫不坚定的持股者或短线获利盘卖出止损，促进场内筹码交换，进而减轻后市抛压，方便更快地拉升。

因此，这种急跌后企稳回升的走势反而向投资者发出了积极信号，坚定持有的短线投资者可以继续加仓，已经卖出的投资者则可以重新建仓。

从后续的走势可以看到，该股在 60 日均线上止跌企稳后，就开启了新一波急速的拉升，股价很快就突破了前期高点，进入了新的箱体之内。

直到 3 月初，股价的这波上涨才遇到了阻碍，90.00 元价位线形成了对股价的压制。股价在该价位线附近滞涨一段时间后转而下跌，一直落到 70.00 元价位线附近才止跌回升。至此，箱体的上下边线都已经明确，短线投资者可以提前在股价回升的过程中建仓，或是静待突破的到来。

到了 4 月上旬时，股价已经上涨到了压力线附近，但在此受到了一定的阻碍，小幅回调到 30 日均线上方后蓄积力量重新上攻，最终成功突破压力线，并且从该股后续的表现可以看到，K 线几乎没有经过回踩便上冲到了更高的位置，说明涨势十分迅猛，加仓机会明确，短线投资者要抓住时机。

下面再来看下跌趋势中 K 线突破原有箱体压力线时，短线投资者又该如何分析和应对。

实例分析

中国中免（601888）下跌之中 K 线突破箱体压力线

图 3-4 为中国中免 2021 年 11 月至 2022 年 8 月的 K 线图。

从图 3-4 中可以看到，尽管中国中免的走势不太稳定，但还是可以看出其处于下跌趋势之中，投资者可以根据股价的震荡来划分箱体位置。

2021 年 12 月初，股价跌至 195.00 元价位线上方后止跌反弹，箱体下边线暂定于此。后续反弹的高点则被限制在 240.00 元价位线下方，这就是箱体的上边线了。

进入 2022 年 1 月后，股价已经再次下跌到了 195.00 元价位线下方，低于前期低点，因此，投资者需要将箱体下边线下移至此。股价在此止跌企稳后，再次反弹向上，逐渐接近了箱体上边线，并在该压力线附近受阻回落，进一步确定了其压制力，同时也失去了突破的可能。

股价第二次在箱体上边线附近受阻后，进入持续的下跌之中。进入 3 月后不久，股价就彻底跌破了箱体下边线的支撑，进入到更低的位置。3 月中旬，股价小幅反弹，回抽前期箱体下边线不破，更加确定了跌破的有效性，短线投资者不可轻易介入。

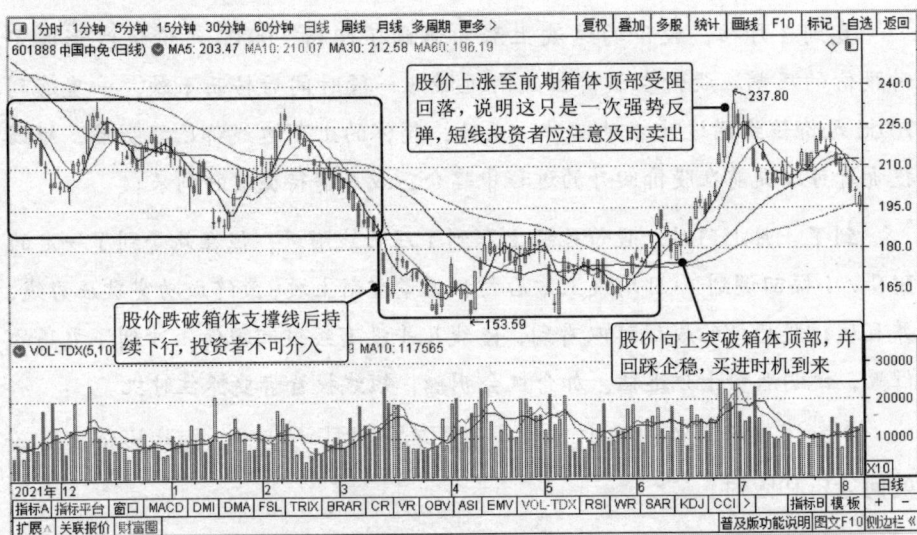

图 3-4　中国中免 2021 年 11 月至 2022 年 8 月的 K 线图

继续来看后面的走势。该股在进入新箱体后，很快便来到了箱体的下边线，即 155.00 元价位线。股价在此价位线的支撑下反复震荡，高点则长期被限制在 190.00 元价位线附近，至此也明确了新箱体的压力线。

进入 6 月后，股价在一次反弹中成功突破到了箱体压力线之上，但突破后的次日就收阴下跌了。看似股价即将回落到箱体内部继续震荡，但多观察几个交易日就会发现，该股落到 30 日均线附近就止跌了，并在后续连续收阳上涨，彻底突破到了更高的位置。

这时投资者就可以判断出，股价可能即将进入一波强势反弹之中，或者更极端的还可能直接转入上涨行情。这对于短线投资者来说显然是一个很好的参与时机，前期一直在借助箱体震荡抢反弹盈利的投资者，此时就可以大胆加仓买进，没有参与过的投资者也可以伺机建仓，抓住后续涨幅。

6 月底，股价创出了 237.80 元的阶段新高，随后就迅速拐头下跌了，高点与前面分析的第一个箱体的上边线基本持平。这就说明此次股价的积极上涨很可能只是一次强势反弹，短线投资者最好在高点位置及时兑利出货。

后续股价的表现也证实了这一点，该股在 7 月的二次反弹没能突破前期高点，之后回归下跌基本上是可以确定的，此时还未出局的短线投资者要注意及时止损了。

3.1.2 K 线回踩箱体支撑线

K 线回踩箱体支撑线不破时，能够进一步确认前期突破的有效性，并且股价回踩企稳的位置也是很好的短线买点。除此之外，如果股价在箱体支撑线附近横盘一段时间后向上回升，也是一种对支撑线的突破，短线投资者完全可以借助这种突破形态买进或加仓，如图 3-5 所示。

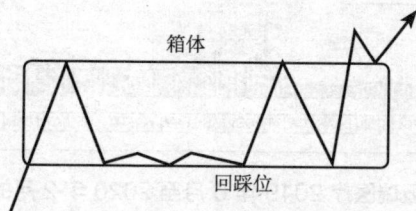

图 3-5　K 线回踩箱体支撑线示意图

在不同的行情中，K 线回踩箱体支撑线的买进信号都是相似的，只是信号强度有所差别。在上涨行情的箱体中，K 线对箱体支撑线的回踩代表着市场的支撑力充足，个股未来的上涨空间还有可能拉大，短线投资者在此买进或加仓的获益概率也会提高不少。

而在下跌行情的箱体中，K线回踩箱体支撑线后形成的上涨，大概率只能形成一段幅度不大的反弹，毕竟股价突破箱体上边线形成反转的情况只是少数。因此，短线投资者若要在这种走势中买进或加仓，就要注意及时于反弹顶部卖出兑利。

下面来看在上涨行情中K线回踩箱体支撑线时，短线投资者的分析过程和应对方式。

实例分析

迈瑞医疗（300760）上涨之中K线回踩箱体支撑线

图3-6为迈瑞医疗2019年6月至2020年2月的K线图。

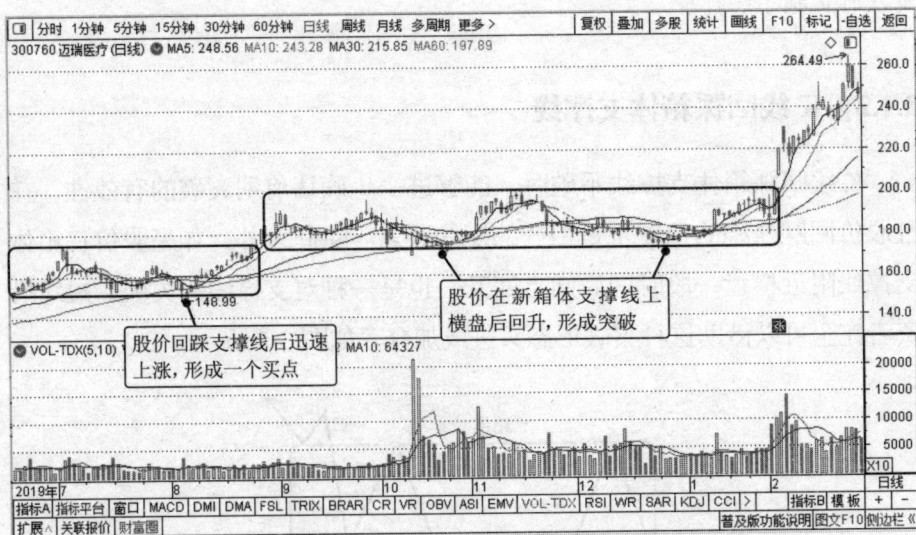

图3-6　迈瑞医疗2019年6月至2020年2月的K线图

在迈瑞医疗的这段走势中，股价虽然整体处于上涨行情，但期间的震荡还是比较多的，由此也形成了多个明显的箱体。

2019年7月，股价在180.00元价位线下方受阻后回落到150.00元价位线附近止跌，并形成了一段时间的横盘走势。进入8月后，股价在震荡中小幅跌破前期低点，但很快便回归上涨，没有彻底跌破。在后续的走势中，股价上涨速度明显加快，有突破箱体的迹象，短线投资者可以试探着建仓，降低持股成本。

8 月下旬，该股果然成功突破到了新箱体内。9 月下旬时，股价上涨至 200.00 价位线附近受阻回落，箱体的上边线形成。一段时间后，价格跌到 180.00 元价位线下方不远处得到支撑，随后形成了横盘整理，箱体的下边线也出现了。

10 月下旬，该股在箱体下边线附近小幅震荡一段时间后，开始收阳上涨，形成了对支撑线的突破。对于短线投资者来说，这就是一个加仓机会，毕竟该箱体的上下边线距离不短，即便此次股价没能突破箱体压力线，短线投资者也可以在股价接近箱体上边线时卖出，赚取这一波差价收益。

从后续的走势中可以看到，该股确实在上涨至箱体上边线时受阻滞涨了，但这段时间内为投资者带来的涨幅收益依旧可观。

11 月下旬，股价再次下跌到 180.00 元价位线附近，在其支撑下横向运行。直到 12 月下旬，股价才形成回升走势，完成了对支撑线的突破。根据前一次操作的经验，短线投资者就可以再次买进或加仓，等待后续上涨。

这一次股价的涨速虽然没有前期快，但当其遇到箱体上边线受到阻碍时，回落的低点却在中长期均线上得到了支撑，而非箱体下边线，并且在止跌企稳后，K 线大幅收阳成功向上突破了箱体上边线，形成了一个更加可靠的买点。已经在前期股价突破支撑线的位置买进的投资者，此时就可以继续加仓了，而尚处于观望状态的投资者则可以建仓入场。

接下来继续分析在下跌行情中 K 线回踩箱体支撑线时，短线投资者的应对策略是怎样的。

实例分析

明阳智能（601615）下跌之中 K 线回踩箱体支撑线

图 3-7 为明阳智能 2022 年 7 月至 2023 年 3 月的 K 线图。

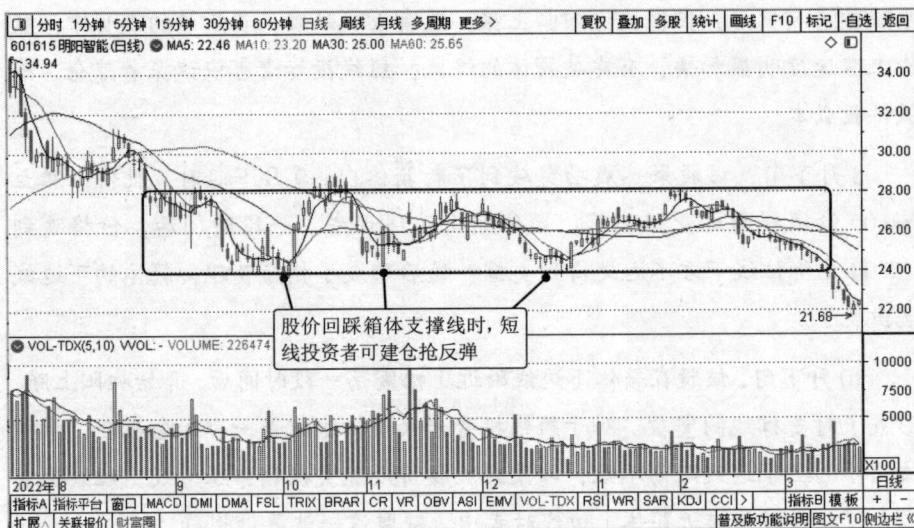

图 3-7 明阳智能 2022 年 7 月至 2023 年 3 月的 K 线图

从明阳智能的这段走势中可以看到,该股在 2022 年 8 月还处于涨跌趋势刚刚反转的阶段,因为中长期均线都没来得及完全转向。直到 8 月中旬股价小幅反弹突破中长期均线失败后,行情才彻底进入了下跌之中。

8 月底,该股跌破前期低点后,在 28.00 元价位线下方横盘了近一个月时间,确认回抽不过后继续下行,进入了新的箱体内部。

9 月中旬,股价跌到 24.00 元价位线上止跌横盘,基本确定了箱体的下边线。股价横盘震荡到 10 月上旬时开始连续收阳上涨,对支撑线形成突破后快速拉升,小幅跃过了前期关键压力线,也就是 28.00 元价位线,在此滞涨一段时间后回落,确定了箱体的上边线。

此次之后,短线投资者就基本明确了整个箱体的范围,那么后续就可以借助股价的规律性震荡来进行操作。

11 月初,股价再次落到箱体下边线附近止跌横盘,找到规律的短线投资者其实在横盘期间就可以建仓了。待到后续股价突破支撑线形成反弹时,这部分投资者还可以适当加仓买进。

在后续的走势中,股价又在 12 月中旬形成了一次止跌横盘后反弹向上的走势，为短线投资者提供了充足的获益空间。但在这一次反弹结束后，股价却重新进入了持续的下跌之中，并且直接跌破了箱体下边线。

这意味着该箱体已经失效，股价即将回归持续的下跌之中。那么短线投资者此时就不能轻易介入，而是以观望为主，被套的投资者则要及时止损，避开后市的下跌。

3.1.3　K 线突破中长期均线

K 线突破中长期均线的走势在箱体内部也时有发生，一般会在横向震荡时间较长的箱体内部形成，如图 3-8 所示。

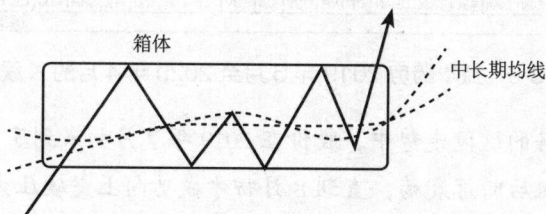

图 3-8　K 线突破中长期均线示意图

在长期横向震荡的箱体中，中长期均线会跟随股价逐渐走平，脱离原本的涨跌趋势。在这种情况下，K 线很容易与中长期均线产生交叉，比如股价上升靠近箱体上边线时，就会穿越中长期均线形成突破形态。

如果投资者能够在 K 线突破箱体压力线或回踩支撑线的位置买进，那么 K 线突破中长期均线的形态就是一个很好的加仓位，同时也能够帮助投资者确定短期上涨趋势，从而提高成功率。

下面来看一个具体的案例。

实例分析

益丰药房（603939）K 线突破中长期均线加仓

图 3-9 为益丰药房 2019 年 6 月至 2020 年 4 月的 K 线图。

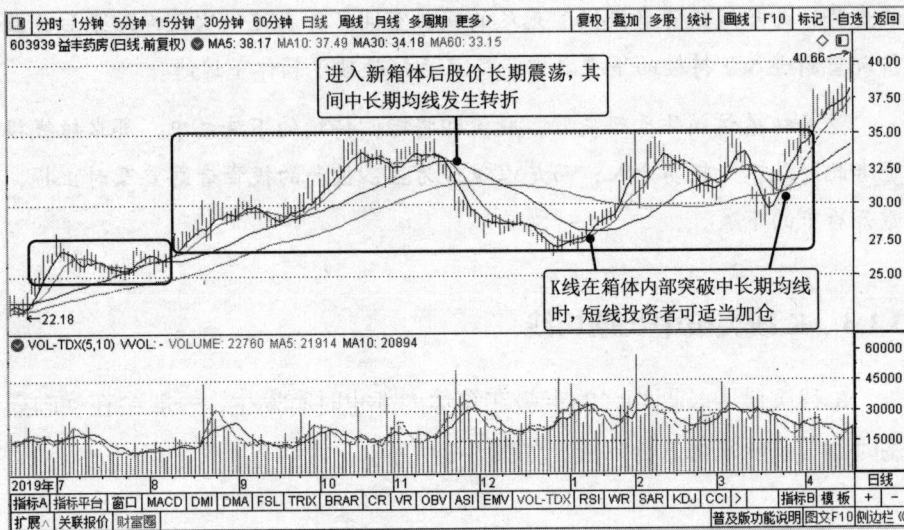

图 3-9　益丰药房 2019 年 6 月至 2020 年 4 月的 K 线图

在益丰药房的这段走势中，股价在 2019 年 7 月初来到了 27.50 元价位线附近，在此受阻后回落震荡，直到 8 月初才成功向上突破压力线，回归上涨的同时也进入了下一个箱体之中。

8 月到 9 月，股价的涨势都相当积极，中长期均线持续上扬形成支撑，收益可观。但在进入 10 月后不久，该股就在 35.00 元价位线下方受阻滞涨了，并且持续时间还不短，一直到 11 月中旬股价才彻底变盘，但方向却是向下，预示着行情即将进入回调整理之中。

此次股价的跌势相对比较迅猛，一直落到了 27.50 元价位线附近才止住颓势。此时细心的投资者已经发现，该支撑线正是 8 月初时股价突破过的压力线。由此可见，27.50 元到 35.00 元的价格区间就是一个大箱体，股价在箱体底部止跌回升的位置就是买点。

此时，中长期均线已经跟随股价的大幅下跌而发生转折，变成了覆盖在 K 线上的压力线。那么当后续 K 线向上突破该压力线时，投资者就可以试着加仓买进。

进入 2020 年 1 月后，该股开始收阳回升，并迅速靠近 30 日均线，此时短线投资者可抓住机会买进。数日后，K 线成功突破到了 30 日均线之上，在小幅回踩不破后继续上涨，向着 60 日均线进发，回踩的低位也可以视作一个建仓点或加仓点。

1 月下旬，股价成功突破 60 日均线，并在后续持续收阳上涨，加仓机会明确。虽然该股很快便在 35.00 元价位线，也就是箱体上边线处受阻回落，但低点仍旧落在 60 日均线上，说明市场积极性已经被调动起来，推涨动能开始增强，股价后续有机会突破这个大箱体。

进入 3 月后，该股又尝试了一次突破，但以失败告终，不过成功带动 60 日均线向上形成了转折，不失为一个积极信号，坚定看好该股的投资者可以不必急于卖出。

3 月中旬，股价小幅跌破 60 日均线，但很快就止住颓势回归上涨，再次向上突破中长期均线的位置就是明确的买点。此次股价上涨的速度非常快，也非常强势，股价在接触到箱体上边线后横盘了几日，最终成功向上突破，发出了积极的加仓信号，短线投资者可以抓住时机加大注资力度。

拓展知识 *大箱体中包含的小箱体*

在图 3-9 益丰药房的走势中，从 2019 年 8 月中旬到 2020 年 3 月，该股形成了一个巨大的箱体。这个巨型箱体从技术形态上来看是没什么问题的，箱体的上下边线很清晰，支撑与压制作用也十分明显，但对于短线投资者来说可能就不是那么实用了，因为很多短线投资者不会这样长周期地划分箱体，而是更倾向于短期划分，如图 3-10 所示的那样。

由此可见，大箱体是可以拆分成很多个小箱体的，同理，小箱体也可以融合成为一个大箱体。而箱体的拆分与融合主要取决于投资者想要达到的目的，比如上个案例中投资者想要观察箱体中 K 线对中长期均线的突破，就需要使用大箱体，这样才能观察得更全面。

如果投资者只是想观察 K 线对箱体上下边线的突破，那么普通的小箱体就能够满足需求。所以，箱体的划分是主观与客观共同催生出的结果，效果也会因人而异，投资者不必盲目遵循他人所说的划分方式，适合自己的才是最好的。

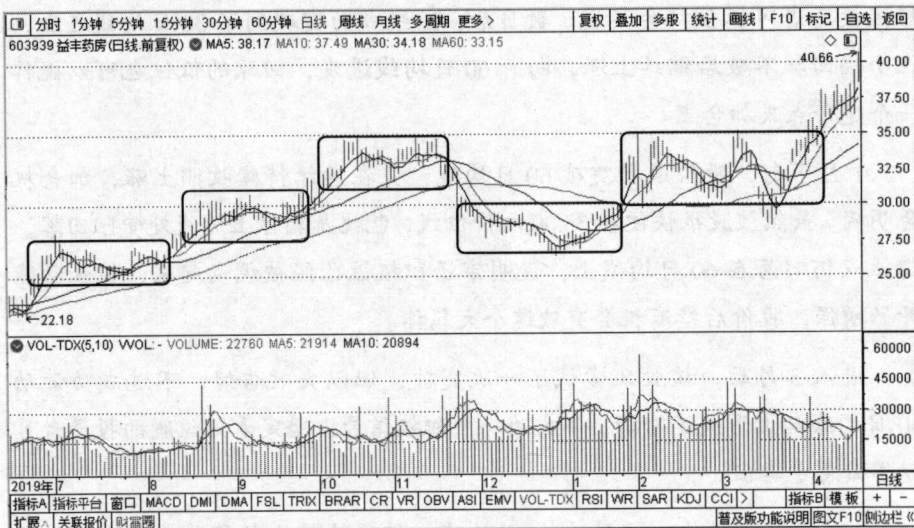

图 3-10　益丰药房的大箱体拆分后的多个小箱体

下面再来看看益丰药房转入下跌行情后，K 线会在箱体中对中长期均线产生怎样的突破，短线投资者又该如何应对。

图 3-11 为益丰药房 2021 年 1 月至 7 月的 K 线图。

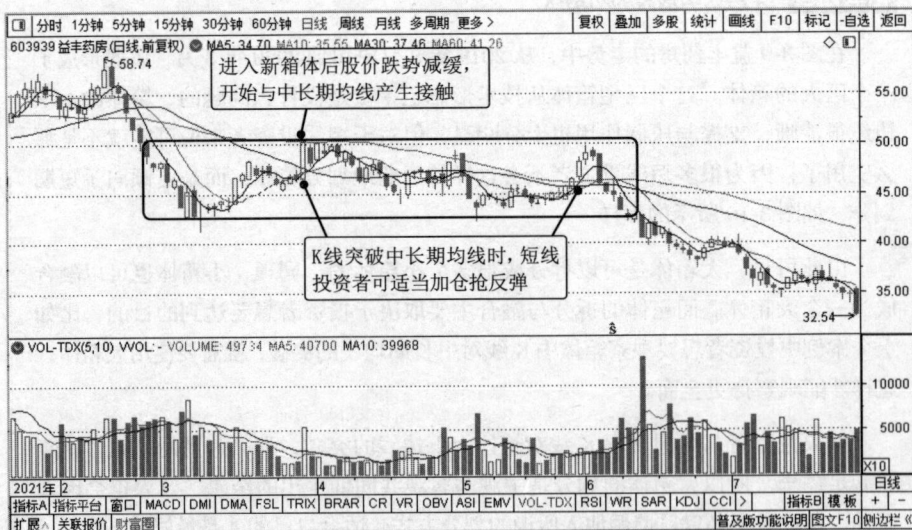

图 3-11　益丰药房 2021 年 1 月至 7 月的 K 线图

　　益丰药房在转入下跌行情之后，中长期均线自然也跟随转向，对 K 线形成强力的压制。从图 3-11 中可以看到，该股在 2021 年 2 月底跌破了前期低点，运行到了新箱体内部。数日之后，该股在 42.50 元价位线附近得到支撑横盘，确定了箱体的下边线。

　　3 月中旬，该股开始收阳反弹，发出买进信号。虽然后续股价在接近已经下行的 30 日均线时有所回落，不过在多方的推动下，股价依旧在一段时间后成功突破到该压力线之上，加仓机会也来临了。随后，该股于 50.00 元价位线附近受阻滞涨，确定了箱体的上边线。

　　4 月，股价持续震荡，但形成的反弹没能有效突破中长期均线，因此，并不具有太大的买进价值，短线投资者可继续观望。

　　到了 5 月初，股价也再次跌到了箱体下边线附近，在此横盘一段时间后，K 线开始连续收阳上涨，并直接突破了两条中长期均线。这就是一个非常明显的抢反弹加仓信号了，短线投资者可以在此追涨。

　　在看过了不同行情趋势中 K 线对中长期均线的突破形态解析后，投资者应该能够明白，在上涨行情箱体中借助该形态买进，能够赚取的收益明显要大许多，而且风险也没有那么高。在下跌行情的箱体中，虽然在 K 线突破中长期均线后再加仓风险会降低不少，但能够获益的空间就会大大缩减了。

　　因此，经验不足或是风险承受能力偏低的短线投资者，还是尽量少参与下跌行情的反弹走势，避免被套。

3.2　缺口理论中的突破点

　　缺口理论中的研究关键在 K 线之间的跳空缺口和回补上，这里的缺口指的是价格之间的真空区域，在这个真空区域内没有交易发生，但随着行情的发展，这个真空区域终究会被填上，这一过程就被称为回补。

由于 K 线之间的位置关系和涨跌情况不同，缺口也分为多种类型，有阳线与阳线之间的缺口，阴线与阴线之间的缺口，还有阳线与阴线之间的缺口，具体如图 3-12 所示。

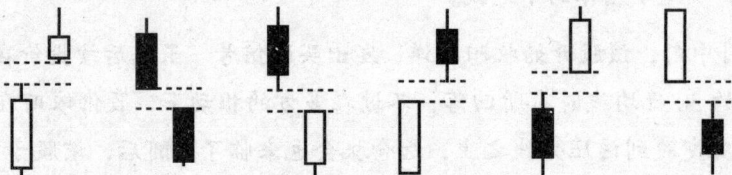

图 3-12　缺口的不同类型

根据第二根 K 线的突破方向，缺口还会被分为向上跳空缺口和向下跳空缺口，前者就是短线投资者需要重点关注的加仓机会。不过实战中的缺口形态不止这些，除此之外，还有一字 K 线和十字星线等特殊情况，这里不再逐一展示。

对于短线投资者来说，缺口理论中包含的知识是很有助益的，若投资者能够借助缺口形态抓住合适的买进时机，获益机会可以增加不少。下面就针对缺口理论中划分的普通缺口、突破缺口、持续性缺口和消耗性缺口进行详细讲解。

3.2.1　普通缺口

普通缺口指的是在常规横盘整理或小幅震荡过程中偶然形成的缺口，因其形成位置随机，缺口也不大，所以很快就会被回补，如图 3-13 所示。

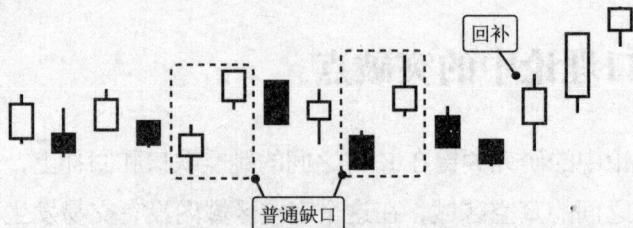

图 3-13　普通缺口示意图

普通缺口一般是市场常规震荡导致的，本身并不具备太强的研判价值，对个股后市的走势也没有太多指示意义，因此，很多时候并不被关注。

但对于快进快出的短线投资者来说，在向上跳空的普通缺口处建仓或加仓未尝不是一个盈利的机会。毕竟缺口再普通，向上跳空时的涨幅也会相对较高，如果短线投资者能够抓住时机买进，后续在合适的位置卖出，还是有机会赚取这一波短期收益的，比如缺口被回补之前。

下面来看一个具体的案例。

实例分析

贵州茅台（600519）普通缺口的买进时机

图 3-14 为贵州茅台 2021 年 2 月至 5 月的 K 线图。

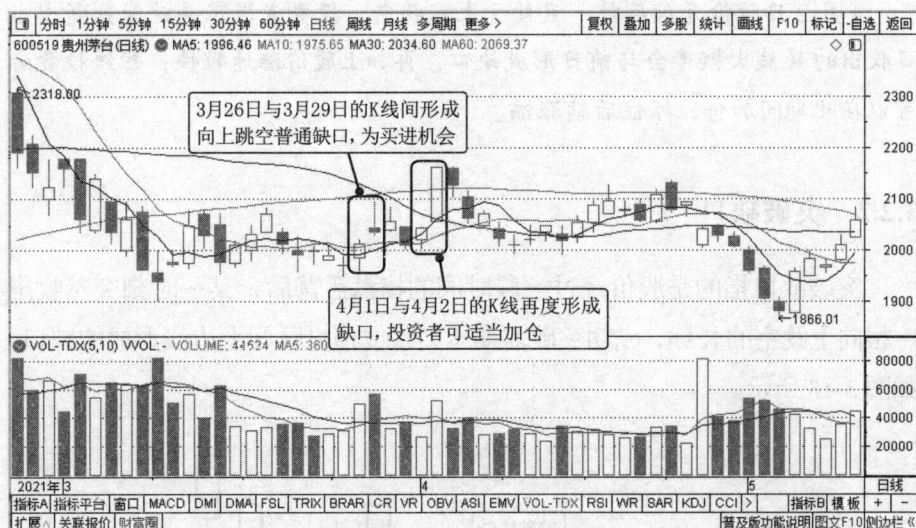

图 3-14　贵州茅台 2021 年 2 月至 5 月的 K 线图

从图 3-14 中可以看到，贵州茅台在 2021 年 3 月上旬还处于持续的下跌之中，待到股价在 1 900.00 元价位线以上得到支撑小幅回升后，才减缓跌势，进入横盘整理状态之中。

该股在横盘期间不规律地运行，使得阴阳线交杂，整体震荡不断，许多短线投资者想参与，但苦于找不到机会。

这样的状态在 3 月下旬时产生了变化，3 月 26 日股价依旧常规震荡，当日最高价为 2 022.00 元。次日，也就是 3 月 27 日，该股却是以 2 043.20 元的价格高开，随后震荡向上攀升，虽然最终冲高回落收出阴线，但最低价也有 2 026.15 元，高于前日最高价，两根 K 线形成了向上跳空的普通缺口。

很显然，这个普通缺口为短线投资者提供了良好的参与机会，但由于 3 月 29 日的 K 线已经冲高回落，短线投资者若要买进，也要注意仓位不能过重。

从后续的走势来看，该股在此次缺口形成后确实很快小幅下滑，完成了对缺口的回补。但在 4 月 1 日和 4 月 2 日，K 线收出了两根连续上扬的阳线，并且两根阳线再次形成了一个明显的缺口，这又是一个买进信号。

4 月 2 日股价开盘后就一直处于上涨状态，投资者很容易就能判断出当日收出的 K 线大概率会与前日形成缺口，再加上股价涨速较快，短线投资者可以在此期间加仓，抓住后续涨幅。

3.2.2 突破缺口

突破缺口指的是股价经过一段时间的横盘震荡后，某一时刻突然收出一根向上跳空的 K 线，成功突破前期压力线或横盘区间上边线形成的缺口，如图 3-15 所示。

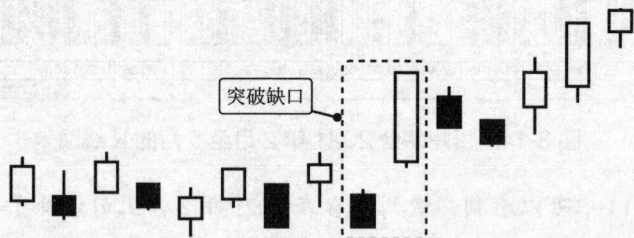

图 3-15 突破缺口示意图

一般来说，向上突破的缺口更常见于持续的上涨行情之中，是股价结束整理继续拉升的标志之一。由于向上突破缺口对市场具有较强的刺激作用，随着追涨愈演愈烈，这一缺口可能在很长一段时间内都不会被回补，除非股价转入深度回调或下跌行情之中。

因此，短线投资者在向上突破缺口处买进后，只要股价涨势不减，就可以继续持有甚至加仓，待到回调来临时再卖出，这样盈利的机会就会比较大。

如果市场推涨动能强劲，股价在一段时间内多次形成向上突破缺口，投资者还可以连续在突破位置加仓。但要注意建仓和加仓的位置不能相距太长时间，否则短线投资就可能转变为中线投资了。

要知道，未经事先计划临时改变投资策略是很危险的，容易导致思维混乱，操作失策。因此，要尽量避免这种情况，短线投资者即便要再次买进，也可以先将前期筹码抛售。注意，在进行短线操作时，最好不要与中长线策略混用。

实例分析
石头科技（688169）突破缺口的买进时机

图 3-16 为石头科技 2020 年 7 月至 11 月的 K 线图。

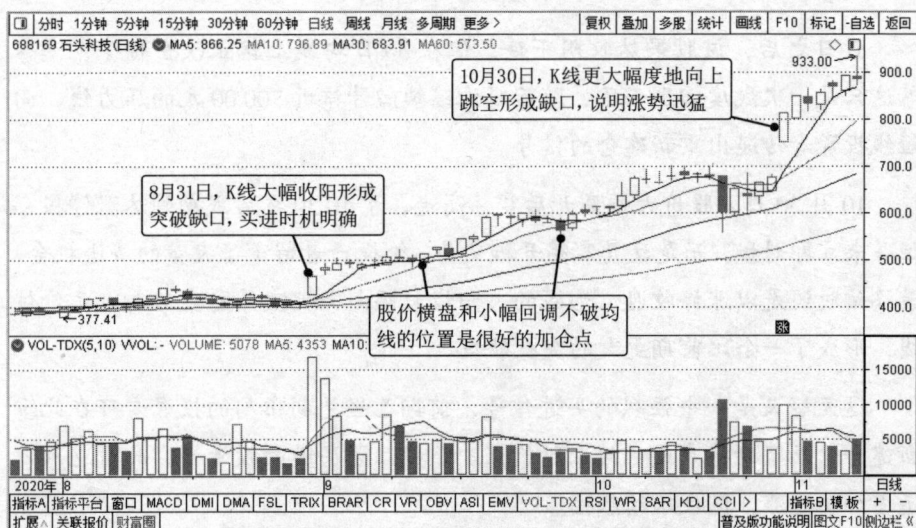

图 3-16　石头科技 2020 年 7 月至 11 月的 K 线图

从石头科技的这段走势中可以看到，2020 年 8 月，股价的走势还是比较低迷的，整体都被压制在 450.00 元价位线下方横向震荡，均线组合也长期走平黏合在一起，短线投资者需要等待变盘来临才有参与的好机会。

8 月 31 日，股价突然大幅高开，并且在开盘后就急速上冲，短短几分钟内就冲上了涨停板，随后长期封板，13:30 之后才打开涨停板交易，股价小幅回落后，最终以 16.83% 的涨幅收盘，最低价明显高于前日最高价，形成了一个比较大的向上跳空缺口。

这就是一个极其明显的变盘信号了，并且从当日的急速上涨来看，450.00 元价位线处的压力也被轻松化解，此处的缺口就可以视为突破缺口，短线投资者可以追涨买进。

从后续的走势可以看到，该股在此次急速拉升后涨势暂缓，在 500.00 元价位线附近横盘，但低点仍旧在均线的支撑下缓慢上移，整体涨势还是能够确定的，短线投资者可以将其当作加仓点。后续股价回调的低点也同样可以当作加仓点，毕竟 K 线没有彻底跌破 10 日均线，涨势明确。

一段时间后，股价来到了 700.00 元价位线附近，但在此处明显受阻滞涨，均线的上行也没能带动股价向上突破。再加上短线投资者的持股时间已经足够长了，此时就可以考虑先行兑利出局了。

数日之后，该股果然收阴下跌，但在 30 日均线上就止跌企稳了，意味着这只是一次浅度回调而已，随后股价继续回升接近 700.00 元的压力线，向短线投资者传递出重新建仓的信号。

10 月 30 日，股价大幅高开后震荡高走，于 10:30 之后成功到达涨停板，但并未立即封板，而是反复震荡开板交易，给投资者留下了大量的买进机会。最终该股还是以涨停收盘，形成的大阳线大幅向上跳空并突破 700.00 元价位线，形成了一个比前期更大的突破缺口。

这无疑又是一个强烈的买进信号，前期已经兑利出局的投资者可在此重新建仓，而坚持持有或已经在股价止跌企稳位置买进的投资者，此时也可以适当加仓追涨，抓住后续涨幅。

3.2.3 持续性缺口

持续性缺口是形成于持续上涨过程中的缺口，投资者也可以将其理解为股价突破压力线后再形成的缺口，如图 3-17 所示。

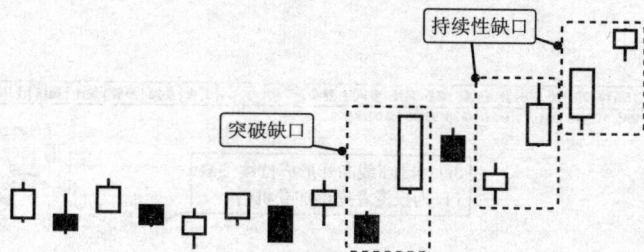

图 3-17 持续性缺口示意图

当然，持续性缺口不一定要等到突破缺口形成后才能出现，毕竟不是每次 K 线突破压力线时都能够向上跳空。而一旦持续性缺口出现，短时间内股价的涨势就比较确定了，投资者再借此加仓也有了更多的底气。

需要注意，一定要观察市场是否存在推涨动能不足、股价涨势衰竭的情况。如果缺口出现后股价很快冲高回落进入下跌，这个缺口就不能称为持续性缺口了，投资者也很可能在高位被套。

实例分析

景嘉微（300474）持续性缺口的买进时机

图 3-18 为景嘉微 2023 年 1 月至 4 月的 K 线图。

从图 3-18 中可以看到，景嘉微正处于上涨行情之中，但在 2023 年 2 月上旬，该股在 90.00 元价位线上受阻后形成了一次时间较长的回调整理，短线投资者卖出后以观望为佳。

进入 3 月后，股价开始在 30 日均线的带动下缓慢向上移动，逐渐向着压力线靠近。但由于涨速较慢，短线投资的性价比不高，投资者还是不宜过早参与。

3 月 23 日，该股以低价开盘后突然急速上冲，很快就冲破了 90.00 元价位线的压制，下午时段开盘后，股价更是直线拉升，直接涨停封板，直至收盘，当日收出的一根涨停大阳线成功突破到了前期高点之上。

这样涨停式的突破证明了即将到来的拉升可能十分强势，一直在观望的短线投资者可以在当日急速上冲的同时就追涨进场，随后持股观望后市走向。

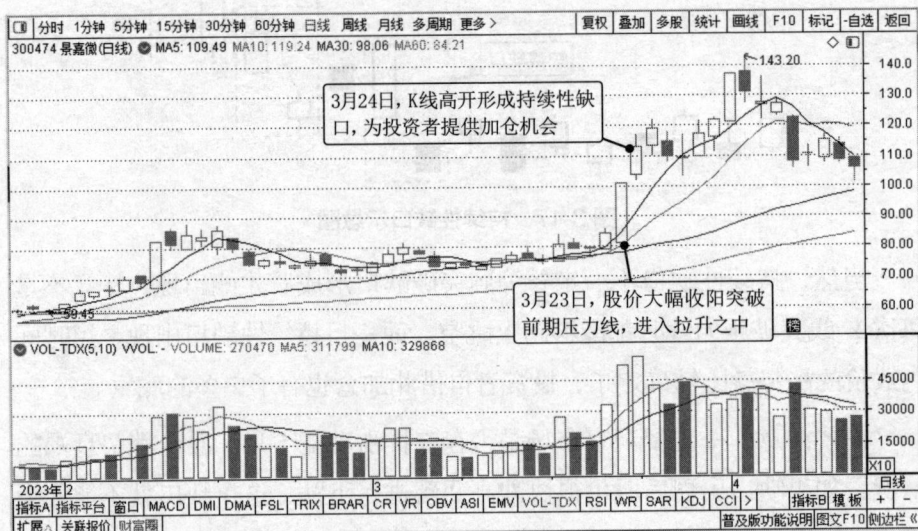

图 3-18　景嘉微 2023 年 1 月至 4 月的 K 线图

次日，也就是 3 月 24 日，股价高开后有小幅回落，可能是前期获利盘大批抛售兑利导致的。待到该股在前日收盘价上方止跌企稳后，价格就进入了新一轮的上涨之中，最终该股以 11.81% 的涨幅收盘，同时也与 3 月 23 日的 K 线之间形成了一个跳空缺口。

显然，这是在股价涨停并突破压力线之后形成的缺口，属于持续性缺口，结合前一个交易日的积极走势，短时间内该股涨势应当会比较强势，短线投资者可以伺机在此加仓。

3.2.4　消耗性缺口

消耗性缺口指的是在一段行情的末尾处形成的缺口，这里的"消耗"

指的是上涨或下跌动能的消耗，当缺口出现后，股价会很快发生转势，如图 3-19 所示。

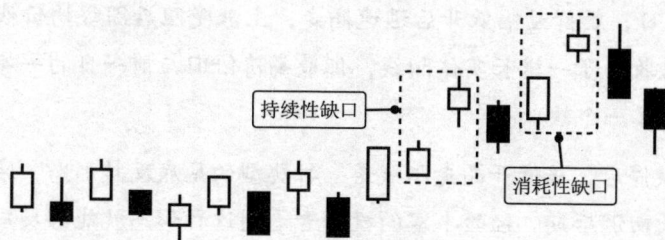

图 3-19 消耗性缺口示意图

由此可见，上涨行情中向上跳空的消耗性缺口并不是一个很好的买点。但在难以分辨消耗性缺口与持续性缺口时，许多短线投资者还是会尝试买进，因为即便买进的位置是消耗性缺口，后续也可能有一定的上涨空间，做短线也是有收益的，只是风险较大。

但投资者不要忘了，既然消耗性缺口预示的是趋势的反转，那么在相对低位形成的向下跳空消耗性缺口，发出的不正是上涨信号吗？如果投资者在向下跳空消耗性缺口处蹲守甚至提前买进，等到股价彻底转势上涨后再加仓，就有可能实现抄底。

当然，在两种消耗性缺口处买进都存在风险，并且风险都不小，经验不足的短线投资者要谨慎考虑，经验丰富的投资者也不能大意。

下面来看一个具体的案例。

实例分析

双星新材（002585）消耗性缺口的买进时机

图 3-20 为双星新材 2020 年 1 月至 4 月的 K 线图。

从双星新材的这段走势中可以看到，2020 年 1 月，股价缓慢上涨至 5.00 元价位线附近受阻后滞涨，数日后跌破均线组合快速下行，最终于 2 月 3 日跌出了一个一字跌停，与前一根 K 线之间形成了巨大的缺口。

此时，投资者暂时无法判断出该缺口的类型，但一字跌停的走势也提醒了投资者此处不宜介入，应以观望为主。

2月4日，股价大幅低开后迅速高走，上涨受阻后围绕均价线长期横向震荡，当日收出了一根长实体阳线，但最高价依旧与前一日的一字跌停价有差距，形成了一个缺口。

一字跌停后，接低开高走阳线是一种典型的见底反转形态，常见于下跌行情末期及回调后期。经验丰富的投资者看到这种形态就能够反应过来，前面形成的缺口是消耗性缺口，抄底的机会来了。

即便是不熟悉这种形态的短线投资者，也能从收阳的K线中看出股价回升的迹象，也就可以在后续的交易日中尝试着轻仓买进，待到股价上涨趋势稳定后再加仓不迟。

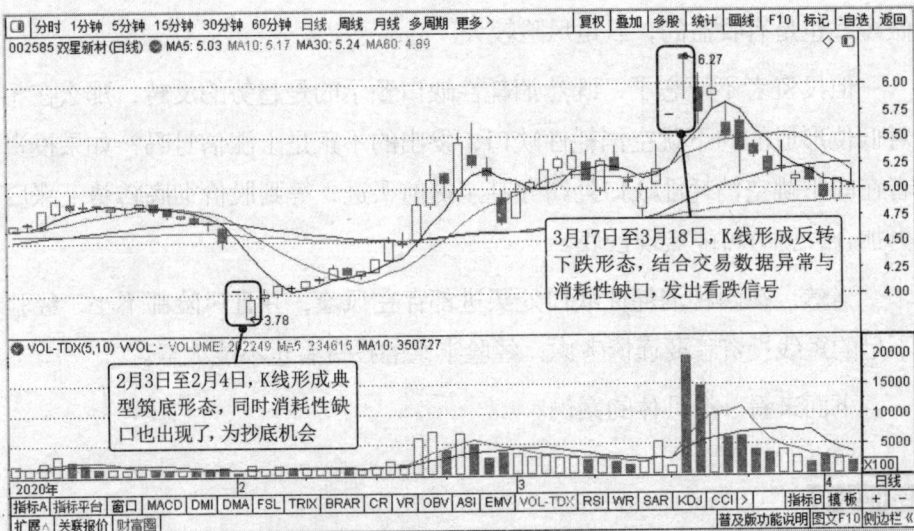

图3-20 双星新材2020年1月至4月的K线图

从后续的走势也可以看到，该股在此之后确实形成了稳定的上涨，并且越到后期涨速越快，短线投资者择机加仓后能够获得的收益也是比较可观的。

到了2月下旬，股价成功向上突破了前期高点，但很快便在新的压力线处受阻回落，进入震荡整理之中。3月中旬，股价再次向上靠近5.50元的新压力线，3 月 17 日，K 线收出一根一字涨停，大幅向上跳空形成了缺口，大量投资者受到鼓舞追涨买进。

3 月 18 日，该股继续以涨停开盘，但在开盘后不久就开板下跌，随后反复震荡交易。交易期间股价多次回到涨停板上，不过都没有保持住，最终还是小幅回落，以 9.12% 的涨幅收出一根带长下影线的小阴线，最低价依旧高于前一个交易日的涨停价，形成了缺口。

从这两根 K 线的形态来看，几乎就是 2 月初的一字跌停后接低开高走阳线形态的翻转，那么它释放出的信号也可能是前期形态的翻转，股价即将转势向下，K 线之间形成的缺口属于消耗性缺口。

如果投资者不能确定下跌趋势是否即将到来，还可以观察 3 月 18 日的分笔交易数据，看其中是否有异常交易存在。

图 3-21 为双星新材 2020 年 3 月 18 日的部分分笔交易数据。

09:30	6.27	29243	S	533	10:57	6.27	2625	S	57	13:20	6.27	10135	S	27
09:30	6.27	826	S	6	10:57	6.27	898	S	6	13:20	6.27	342	S	15
09:30	6.27	314	S	5	10:57	6.27	20	S	2	13:20	6.27	1547	S	19
09:35	6.27	19068	S	391	10:58	6.27	20	S	1	13:20	6.27	12409	S	158
09:35	6.27	92451	S	721	10:58	6.27	4046	S	30	13:20	6.27	1094	S	19
09:35	6.18	49865	S	712	11:00	6.27	60006	S	1031	13:20	6.27	8101	S	125
09:35	6.16	1514	S	29	11:00	6.27	464	S	12	13:20	6.27	2331	S	116
09:35	6.15	849	S	14	11:00	6.27	1359	S	15	13:20	6.27	3796	S	135
09:36	6.06	49536	S	1102	11:00	6.27	834	S	32	13:20	6.27	3868	S	102
09:36	6.01	2341	S	41	11:00	6.27	1107	S	17	13:20	6.27	3177	S	72
09:36	5.99	5775	S	102	11:00	6.27	863	S	9	13:20	6.27	3348	S	79
09:36	6.01	2669	B	39	11:00	6.27	2956	S	40	13:20	6.27	3249	S	116
09:36	6.00	22774	S	506	11:00	6.27	1839	S	30	13:20	6.26	570	S	41
09:37	6.02	25524	S	769	11:00	6.27	3494	S	47	13:20	6.26	196	B	7
09:37	6.02	1018	S	27	11:00	6.27	2082	S	59	13:21	6.24	798	S	38
09:37	6.02	2401	S	42	11:00	6.27	312	B	9	13:21	6.24	58	S	21

图 3-21　双星新材 3 月 18 日的部分分笔交易数据

许多投资者都知道，只有单笔交易手数超过了 500 手，分笔交易单才会高亮显示为紫色。而在图 3-21 中，一些涨停板打开的关键节点处堆积的几乎都是紫色卖单，甚至在 9:35 还出现了一笔成交手数达到 92 451 的巨额卖单，仅仅这一笔交易的金额就达到了 57 966 777.00 元（92 451×100×6.27）。

当这样的巨额交易单成批出现时，投资者就要考虑是否是主力在出货兑利了。从该股突然涨停又突然开板下跌的走势来看，这是很有可能的，毕竟一字涨停需要巨额资金注入才能达成，普通散户是没有这样的凝聚力的。

因此，短线投资者此时基本上就可以判断出后市走向了，谨慎的投资者当天就应当借高卖出，惜售的投资者在发现后续股价继续下跌后，也要及时寻找时机出货止损。

3.3　如何利用波浪理论补仓

艾略特波浪理论是股市中极负盛名的一个经典理论，其核心在于"波浪"，即每个完整的涨跌循环都会分为几个波段，并且时间的长短不会改变波浪的形态。

波浪理论将市场的一个涨跌周期循环分为八个波段，前五个波段属于上升趋势，后三个波段属于下跌趋势，因此，波浪理论也常被称为八浪循环，具体如图 3-22 所示。

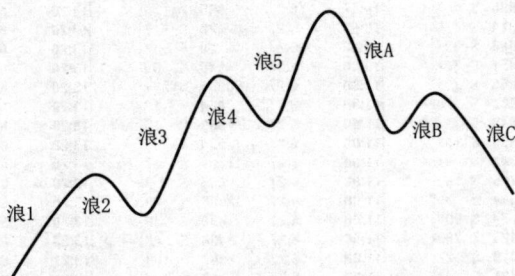

图 3-22　波浪理论基本形态

从波浪理论示意图可以看到，在上涨周期中，浪 1、浪 3 和浪 5 是上升推动浪，浪 2 和浪 4 是下跌调整浪，其中浪 3 不能是最短的一浪；在下跌周期中，浪 A 和浪 C 属于下跌推动浪，浪 B 属于上升调整浪。

除了这些基本波浪分段外，波浪理论还认可了浪中浪的存在，即大浪有中浪，中浪有小浪，小浪还有超小浪，许多小浪共同组成几个波段大浪。

因此，一个完整的八浪循环可能长达数年，也可以小到数月，一个阶段顶部形成的涨跌变化就可能造就一个八浪循环。由此可见，波浪理论对于各类持股周期的投资者来说都比较适用，短线投资者也不例外。

不过，短线投资者也并非不能在大型八浪循环中找到合适的买点。仔细观察八浪循环可以发现，浪 3 和浪 5 在形成时，都会对前面的波浪顶端形成突破，就连浪 1 在起始时也会对前期高点有所突破。而下跌趋势中的浪 B，则有可能实现对中长期均线的突破。

因此，若短线投资者参与到了一个大型八浪循环中，就可以利用这些突破形态寻找合适的建仓和加仓点。接下来就选用两只股票，分别对上涨行情和下跌行情中的波浪突破形态进行解析。

其中，用于解析上涨行情中波浪突破形态的股票是省广集团（002400），其上升五浪走势如图 3-23 所示。

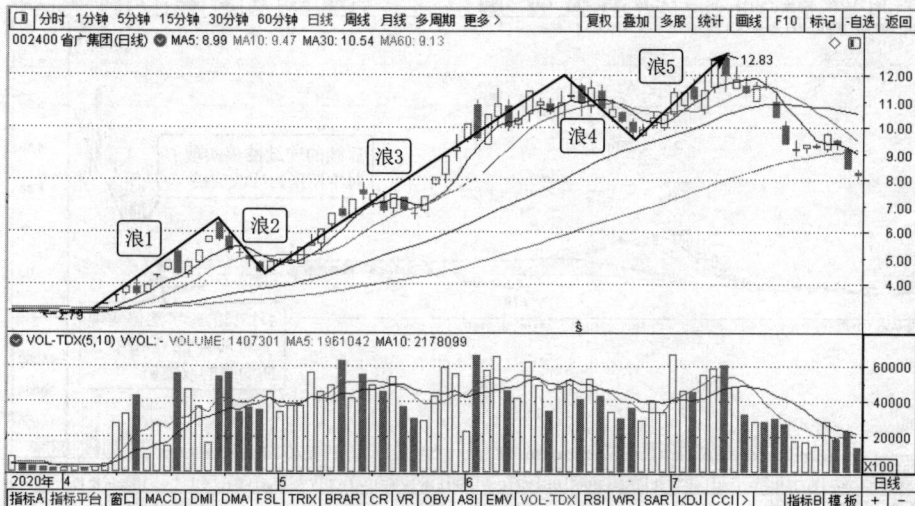

图 3-23　省广集团的上升五浪走势

从图 3-23 中可以看到，在省广集团的上升走势中，五段波浪的形态还是十分清晰的，接下来就针对其中的突破形态进行逐一解析。

3.3.1　浪 1 突破前期压力线

当一段拉升开启时，大概率会对前期某处的压力线形成突破，可能是前期高点，也可能是低位横盘区间的上边线，还可能是长期压制 K 线的中长期均线。

当股价突破这些压力线时，投资者可能暂时无法判断出波浪循环的开启，但这种突破走势释放出的看多信号已经足够引起投资者的兴趣，进而寻找时机跟进建仓或加仓了。

下面就来看一下省广集团浪 1 对前期压力线的突破。

实例分析

省广集团（002400）浪 1 对前期压力线的突破

图 3-24 为省广集团 2019 年 11 月至 2020 年 4 月的 K 线图。

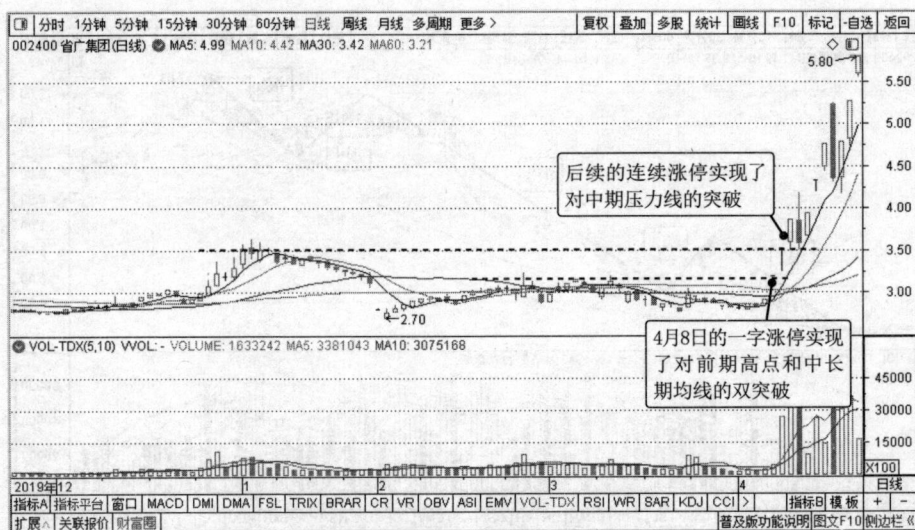

图 3-24　省广集团 2019 年 11 月至 2020 年 4 月的 K 线图

从图 3-24 中可以看到，省广集团在 2019 年 12 月就经历过一次快速的上涨，之所以不将其当作波浪循环的起始，是因为后期的涨势没有跟上。在进入 2020 年 1 月后，股价便在 3.50 元价位线附近受阻回落，并且低点还跌破了前期支撑线。

好在 2 月初 K 线形成了倒 T 字跌停后，接低开高走阳线的形态，释放出了筑底回升的信号，说明该股还有继续上涨的机会，短线投资者可给予一定的关注。

2月底，股价又在3.25元价位线附近受阻滞涨，一段时间后小幅回落到3.00元价位线以下横盘。此时市场积极性降低，股价震荡幅度极小，不是参与的好时机。

但在4月8日，K线毫无预兆地收出了一根一字涨停，强势向上突破了3.25元的压力线和中长期均线，同时也形成了一个突破缺口。次日，股价继续以涨停开盘，尽管期间有过开板交易，但很快便在大资金的推动下封板直至收盘，形成一根T字线。

这根T字线不仅巩固了股价对3.25元价位线的突破，形成了又一个跳空缺口，还向上接触到了一条中期压力线，即3.50元价位线。随着涨停的继续，股价彻底突破到了这条中期压力线上，并在后续的回踩中确认了下方支撑力，随后继续上涨。

此时，行情进入拉升的信号已经十分明确了，大量短线投资者也已经在股价连续形成突破时迅速建仓或加仓买进，奠定了盈利的基础。

3.3.2　浪3突破浪1顶部

当浪1运行到顶点后回调，就会开始构筑浪2。一般来说，浪2的下跌幅度不会太大，尤其是在涨势迅猛的波浪循环中，当其止跌企稳并继续上涨后，浪3就开始显现了。

其实只要投资者能够确定上涨行情会延续，在浪2结束，浪3刚刚开启的时候就可以买进了。当浪3持续上涨完成了对浪1顶点的突破时，投资者就可以趁势加仓，扩大获益空间。

下面来看一下省广集团中浪3对浪1顶点的突破。

实例分析
省广集团（002400）浪3对浪1顶点的突破

图 3-25 为省广集团 2020 年 3 月至 6 月的 K 线图。

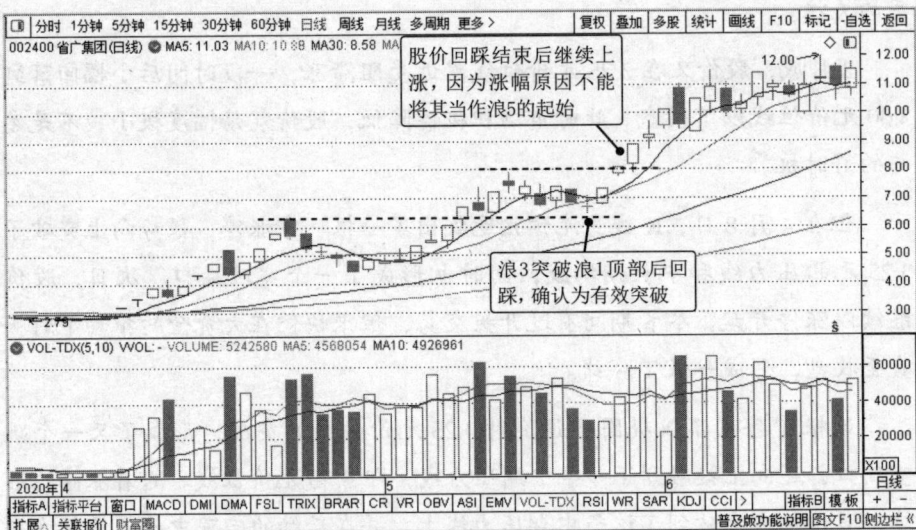

图 3-25　省广集团 2020 年 3 月至 6 月的 K 线图

可以看到，省广集团的股价在运行到 2020 年 4 月下旬时就在 6.50 元价位线附近受到阻碍，并很快形成了回调。

此次回调的速度还是比较快的，K 线连续收阴下跌，一直落到了 4.50 元价位线附近才止跌企稳，随后回归上涨之中。在股价继续上涨的同时，短线投资者就可以试探着建仓买进了。

5 月中旬，该股成功向上突破了前期高点，也就是浪 1 的顶部。但在后续的走势中，股价没能实现连续的上涨，而是在 8.00 元价位线上受阻，开始回踩前期压力线。

从其表现来看，股价回踩得到的支撑还是比较充足的，说明市场中的买盘足以消化掉股价急速上涨带来的巨大抛压，那么上涨行情就有很大概率能够得到延续，投资者可不着急卖出。

5 月下旬，股价回踩不破前期压力线后继续上涨，并成功突破了 8.00 元的压力线，突破位也是一个买点。

但此时出现了一个问题，那就是波浪的划分。单纯观察图 3-24 中的走势，投资者很容易将股价回踩压力线的走势视作浪 4，将回踩企稳后继续上涨的走势视作浪 5。

在后面一波上涨到顶之前，这样的划分是没有问题的，波浪循环本来就需要在行情运行过程中不断调整。但当股价上涨至 12.00 元价位线附近时，投资者就会发现问题了。

投资者需要牢记，波浪循环中的浪 3 不可以是上升浪中最短的一浪。在省广集团的这段走势中，已经确定的浪 1 和临时划分的浪 5 的涨幅都要高于投资者原本认为的浪 3，违背了波浪理论。

因此，投资者不能如此划分，而是要将股价回踩的这段波动暂时抹去，将这一整段上涨视作浪 3，看后市会不会形成浪 5。

当然，对上涨趋势中各个波浪的划分并不会过于影响短线投资者的操盘，这里的详细解释只是为了让投资者了解波浪循环在运行中可能产生的问题，方便投资者在未来的实战中更好地应用。

3.3.3　浪 5 突破浪 3 顶部

浪 5 是上涨行情中的最后一道上升浪，到了这时，市场的推动力可能会有所衰竭，导致股价涨势减缓，甚至只是突破浪 3 顶部便拐头下跌了。但有时候也会出现市场集中力量大力推涨，使得股价在这一浪中急速上冲，短时间内将盈利空间拉大，所以，其波浪长度可能还会超过浪 3。

因此，短线投资者在等待浪 5 出现时要考虑到这两种情况，买点既然已经明确，就要谨慎选择卖点，宁愿踏空后市行情也不要在高位被套。

下面来看一下省广集团中浪 5 对浪 3 顶部的突破。

实例分析
省广集团（002400）浪 5 对浪 3 顶部的突破

图 3-26 为省广集团 2020 年 5 月至 8 月的 K 线图。

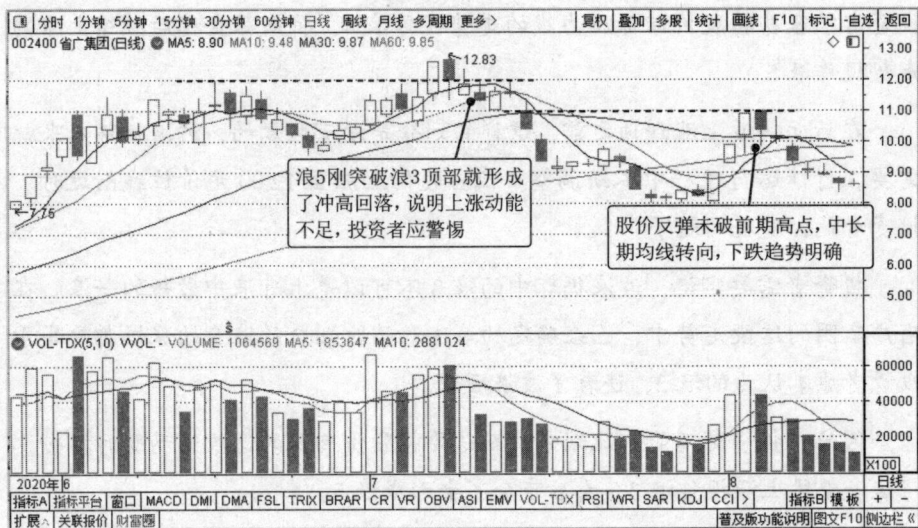

图 3-26　省广集团 2020 年 5 月至 8 月的 K 线图

从图 3-26 中可以看到，到了 2020 年 6 月中旬时，省广集团的股价已经上涨到了接近 12.00 元价位线的位置，在此受阻后形成了数日的滞涨横盘，但最终还是向下滑落，形成浪 4。

浪 4 底部在 30 日均线上得到了支撑，随后继续收阳上涨，开始构筑浪 5。但从该股的表现来看，K 线收阳突破浪 3 顶部时比较吃力，市场推动力可能有些不足，短线投资者若已经买进或加仓，一定要注意突破完成后股价可能会出现的转势下跌。

果然，该股在突破浪 3 顶部的次日就出现了收阴下跌的走势，后续更是跌到了压力线之下横盘运行，最终彻底将其跌破，浪 5 宣告结束。

从后续的走势中可以看到，该股在 7 月底形成了一次强势反弹，涨速虽快，但依旧没能突破前期高点，再加上 30 日均线已经转向，60 日均线也开始走平，下跌趋势逐渐明显，此时还未离场的短线投资者要抓紧时间了。

3.3.4　浪 B 突破中长期均线

浪 B 是股价转入下跌后形成的一个反弹上升浪，一般来说，这一浪的涨幅不会太大，更不会突破浪 5 顶部，但有可能突破刚刚转向或是还未转向完全的中长期均线。

对于短线投资者来说，在浪 B 突破中长期均线的位置加仓有两种意义：一是常规的抢反弹，毕竟能够突破中长期均线的反弹，其短期涨幅还是比较可观的；二是帮助解套，若投资者在高位买进被套，那么在浪 A 底部或是浪 B 突破位加仓能够摊平成本，后续借高卖出时的损失也会小一些。

下面以宝明科技（002992）的下跌趋势为例，为短线投资者展示浪 B 突破位的买进时机。

实例分析

宝明科技（002992）浪 B 突破位的买进时机

图 3-27 为宝明科技 2022 年 10 月至 2023 年 3 月的 K 线图。

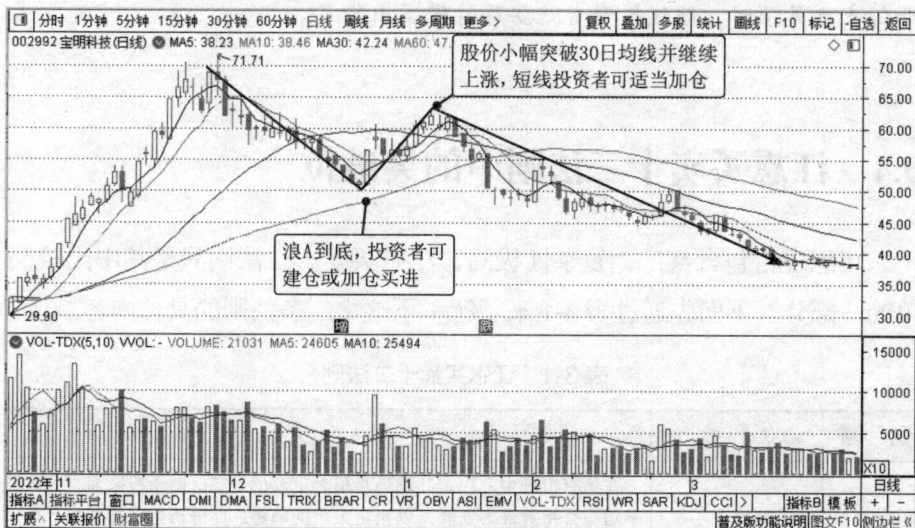

图 3-27　宝明科技 2022 年 10 月至 2023 年 3 月的 K 线图

图 3-27 展示的是宝明科技一段比较完整的涨跌周期，从该股前期的表现来看，股价的涨势相当迅猛，几乎只用了一个月时间，就从 30.00 元价位线附近上涨到了接近 70.00 元的位置，涨幅达到了 133% 以上，为投资者带

来的收益十分惊人。

不过在股价接触到 70.00 元价位线后，就形成了滞涨，随后更是连续收阴下跌，一路跌破 30 日均线并带动其转向，形成第一波下降浪。当然，此时投资者可能还无法确定这是深度回调还是下跌行情的开启，为了谨慎起见，只能暂时将这波下跌定为浪 A。

到了 12 月下旬，股价在 60 日均线上方止跌企稳，随后收阳回升，说明浪 A 可能见底。被套的投资者或出局后一直观望的投资者可以在此适当建仓或加仓，看股价能否回归上涨。

从后续的走势可以看到，该股在第一次接触到 30 日均线时就被压制小幅回调了，不过第二次上冲时还是成功实现了突破，加仓时机到来。

可惜的是，数日后该股就在 65.00 元价位线下方受阻回落了，没能突破前期高点，由此也证实了下跌趋势已经到来，浪 A 和浪 B 也得到了确认。那么浪 B 见顶时，短线投资者就要及时借高出货了。

3.4　江恩买卖十二法则中的突破位

江恩理论包含甚广，复杂性极高，江恩买卖十二法则只是其中比较简单的一部分。下面先通过表 3-1 来了解一下这十二条法则的具体内容。

表 3-1　江恩买卖十二法则

序　号	法　　则	含　　义
一	决定趋势	在所有市场中，决定其趋势是最为重要的一点。对于股票而言，其平均综合指数最为重要，以决定大市的趋势。而分析大市指数时，可以使用九点图及三日图
二	在单底、双底或三底买入	当市场到达底部，出现单底、双底乃至三底，并向上突破时，市场阻力成为支撑力。当市价回落至该底部形态突破位或稍低于突破位，都是重要的买入时机
三	根据百分比买卖	①若股价在高位回落 50%，是一个买入点 ②若股价在低位上升 50%，是一个卖出点

续上表

序　号	法　则	含　义
四	调整三周后买卖	①当市场趋势向上时，若股价出现三周的调整，是一个买入的时机 ②当市场趋势向下时，若股价出现三周的反弹，是一个卖出的时机
五	市场分段运行	当上升趋势开始时，通常分为三段甚至四段上升，才可能走完整个趋势，反之，在下跌趋势中亦然
六	利用 5 至 7 点波动买卖	①若市场趋势上升，当市场出现 5 至 7 点的调整时，可趁低吸纳，通常情况下，市场调整不会超过 9 至 10 点 ②若市场趋势向下，当出现 5 至 7 点的反弹时，可趁高卖出
七	市场成交量	①当市场接近顶部的时候，成交量通常会大增，市场可能反转 ②当市场一直下跌，成交量通常会持续缩减，市场可能见底反弹
八	时间因素	①当市场在上升的趋势中，其调整的时间较之前的时间更长，表示这次市场下跌可能是转势 ②当市场在下跌的趋势中，若市场反弹的时间第一次超越前一次的反弹时间，表示市势可能已经逆转
九	当出现新低或新高时买入	①当市价不断开创新高，表示市场趋势向上，可以买入 ②当市价不断下破新低，表示市场趋势向下，可以卖出
十	趋势逆转	①当市场处于升市时，可参考江恩的九点图及三日图，若九点图或三日图下破对上一个低位，表示市势逆转的第一个信号 ②当市场处于跌市时，若九点图或三日图上破对上一个高位，表示市势见底回升的机会十分大
十一	安全入货点	①在市价见底回升后，市场趋势向上，出现第一个拉升，之后会有调整，当市价无力破底而转头向上，上破第一次拉升的高点时，便是比较安全的买入点 ②在市价见顶回落后，市场趋势向下，出现第一次下跌，之后市价反弹成为第二个较低的顶，当市价再下破第一次下跌的底部时，便是比较安全的卖出点
十二	快速市场的价位滚动	若市场趋势快速，则市价平均每天上升或下跌一点；若市场平均每天上升或下跌两点，则市场已超出正常的速度，市场趋势不会维持过久。这类市场速度通常发生在升市中的短暂调整，或者是跌市中的短暂反弹

可以看到，尽管江恩买卖十二法则已经相对浅显易懂，但其中包含的一些内容依旧不是普通投资者能够轻易掌握的，比如法则一和法则十需要

用到的九点图和三日图，就是江恩理论中极其复杂的内容。

因此，短线投资者无须掌握全部的法则用法，只需要了解其中与突破加仓有关的法则即可，比如法则八、法则九和法则十一就很适合作为加仓研判，下面来逐一解析。

3.4.1　法则八：时间因素

法则八有两部分内容，具体如下：

◆ 当市场在上升的趋势中，其调整的时间较之前的时间更长，表示这次市场下跌可能是转势。

◆ 当市场在下跌的趋势中，若市场反弹的时间第一次超越前一次的反弹时间，表示市势可能已经逆转。

其中第二部分内容对短线投资者的加仓操作来说更加实用，毕竟短线投资者在下跌行情中都能抢反弹，当行情有转势机会时，投资者则可以抓住时机加大资金注入力度，从而增加获益筹码。

下面来看一个具体的案例。

实例分析

朗博科技（603655）江恩法则时间因素解析

图 3-28 为朗博科技 2022 年 2 月至 11 月的 K 线图。

从朗博科技的这段走势中可以看到，该股正处于涨跌行情变化的过程中。在 2022 年 3 月到 4 月股价还在下跌，只是在 3 月底到 4 月上旬形成了一次幅度较大的反弹。

此次反弹的幅度虽然比较大，高点也接连跃过了两条中长期均线，但持续时间却很短。再加上股价二次突破失败后就进入了急速的下跌之中，行情转势的可能性很小，因此，短线投资者借助此次反弹盈利后就要及时撤离观望。

4 月底，该股跌出 13.02 元的新低后止跌回升，开始连续收阳上涨。此次上涨的速度虽然不如前期，但稳定性很不错，短线投资者可以考虑买进。根据江恩法则时间因素的内容，只要此次股价持续上涨的时间能够超过前一次，也就是一个月左右，趋势就有反转的可能，投资者可保持关注。

到了 5 月下旬时，该股的上涨时间已经达到了一个月左右，此时的 K 线也正好接触到了依旧下行的 30 日均线，并形成了滞涨，处于一个关键节点，投资者可不着急加仓。如果该股能够将 30 日均线突破继续上涨，趋势反转的可能性就会大大提高，那时再加仓不迟。

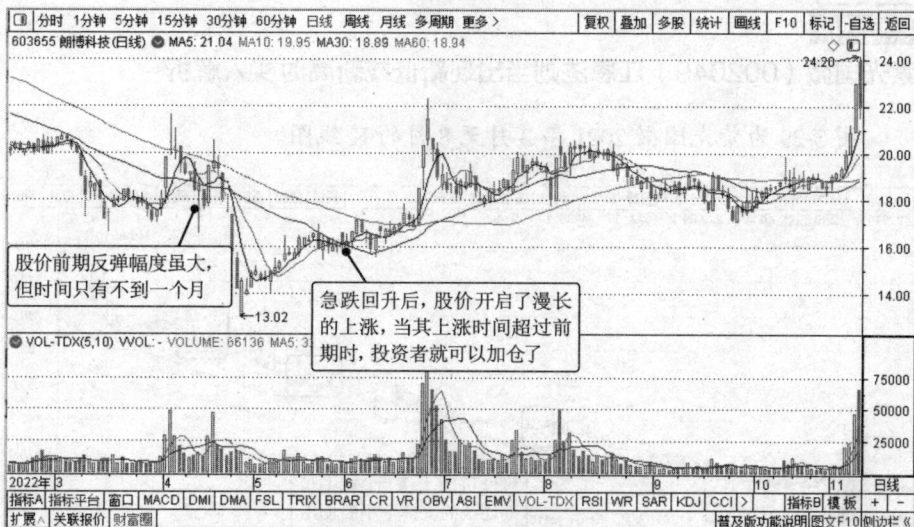

图 3-28　朗博科技 2022 年 2 月至 11 月的 K 线图

从后续的走势可以看到，该股被 30 日均线压制了一段时间后还是继续收阳，成功向上将其突破，随后回归上涨之中。此时，股价反弹的时间已经超过了前期，并且 30 日均线后续也在其带动下转折向上，股价开启新行情的可能性较高，短线投资者可以在此加仓买进。

3.4.2　法则九：当出现新低或新高时买入

法则九也有两部分内容，具体如下：

◆ 当市价不断开创新高，表示市场趋势向上，可以买入。

◆ 当市价不断下破新低，表示市场趋势向下，可以卖出。

法则九第一条中提到的股价不断创新高，意味着市场行情需要处于持续的上涨之中，期间形成的震荡越少，股价涨势越稳定，法则九的使用效果就越好。遇到这种行情时，短线投资者可以适当拉长持股周期，并采取分批次加仓的方式，这样可以很好地控制成本和风险。

下面来看一个具体的案例。

实例分析

紫光国微（002049）江恩法则当出现新低或新高时买入解析

图 3-29 为紫光国微 2021 年 3 月至 8 月的 K 线图。

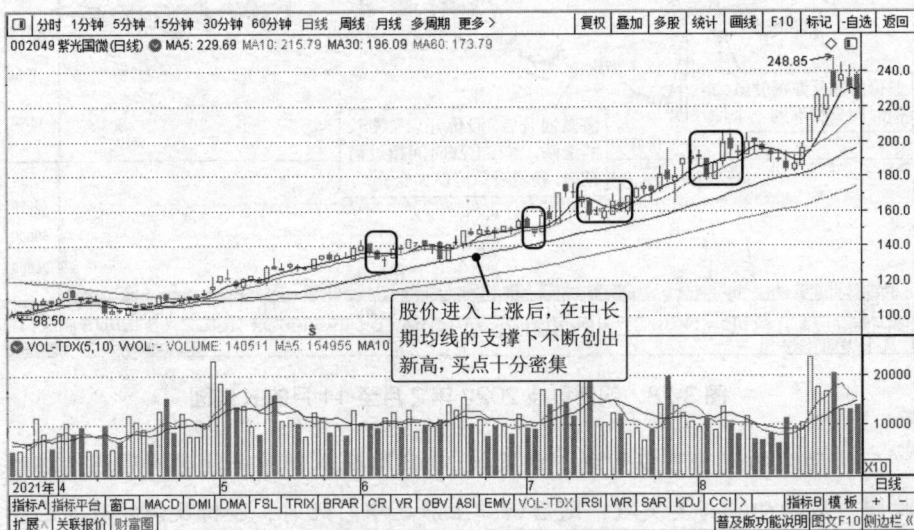

图 3-29 紫光国微 2021 年 3 月至 8 月的 K 线图

从紫光国微的这段走势中可以看到，该股长期处于极为稳定的上涨走势之中。自 2021 年 4 月中旬股价从上一次回调中缓和过来后就开始转势进入上涨，当其自下而上突破整个均线组合时，短线投资者就可以建仓了。

在后续较长一段时间内，股价几乎都维持着突破中长期均线时的涨速运行，不断向上创出新高，并且期间的震荡幅度都非常小，十分符合法则九的要求。那么，短线投资者就可以在股价小幅回调至中长期均线附近时适当加仓或分批次加仓，从而扩大获益空间。

随着股价的不断上涨，短线投资者的持股时间也在拉长，但要注意不可过度拉长。等到股价形成幅度稍大的震荡时，短线投资者最好进行一次抛售，避免将一批筹码握在手中太久，增加被套的风险。

比如在 6 月、7 月和 8 月形成的几次明显回调，就可以作为短线投资者的分段买卖点，分批次将这段积极的上涨收入囊中，要比一次性操作的安全性高很多。

3.4.3　法则十一：安全入货点

法则十一同样包含两部分内容，具体如下：

◆　在市价见底回升后，市场趋势向上，出现第一个拉升，之后会有调整，当市价无力破底而转头向上，上破第一次拉升的高点时，便是比较安全的买入点。

◆　在市价见顶回落后，市场趋势向下，出现第一次下跌，之后市价反弹成为第二个较低的顶，当市价再下破第一次下跌的底部时，便是比较安全的卖出点。

第一条内容中所说的入货点，自然也可以当作激进型短线投资者的加仓点。如果股价第一次拉升的幅度就比较大，短线投资者是可以先行建仓的，待到二次突破来临时再加仓，就有机会赚取更多的收益。

不过，如果第一次拉升后股价整理时间太长，短线投资者还是以出局观望为佳，否则持股时间就太长了。

实例分析

华正新材（603186）江恩法则安全入货点解析

图 3-30 为华正新材 2018 年 8 月至 2019 年 3 月的 K 线图。

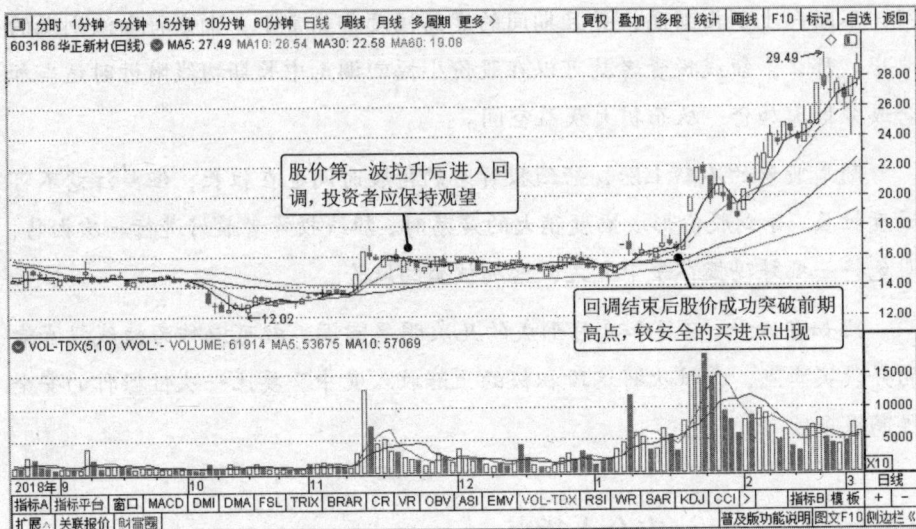

图 3-30 华正新材 2018 年 8 月至 2019 年 3 月的 K 线图

从图 3-30 中可以看到，华正新材在 2018 年 10 月之前还处于低位横盘的过程中，这一点从中长期均线对 K 线的压制作用可以看出。待到横盘结束 K 线收阴下跌后，股价就落到了 12.00 元价位线上方，在此止跌企稳后转入上涨。

经过近一个月的缓慢上涨后，股价逐渐向上靠近了中长期均线，最终于 11 月中上旬成功大幅收阳突破其压制，形成了第一波快速的拉升，大量短线投资者伺机跟进。但由于前期压力线比较难突破，该股在 16.00 元价位线处滞涨一段时间后无奈回落，形成了长时间的回调整理。

在股价回调过程中，已经建仓的短线投资者最好先行撤离，毕竟股价多次突破压力线无果，这次横盘可能会持续较长时间。

一直到 2019 年 1 月初，K 线才大幅向上跳空，初步突破了前期高点，建仓时机到来。后续股价在回踩中确认了其支撑力，证明突破有效，短线投资者此时就可以迅速加仓买进，持股待涨。

第 4 章

技术指标有效突破做短线

技术指标的突破形态是突破技术中的关键部分，也是短线投资需要重点解析的对象。不同的技术指标有不同的突破形态，传递出的信号强度也有所差别，短线投资者需要熟练掌握几种常见指标的突破技术应用，才能更好地在实战中获益。

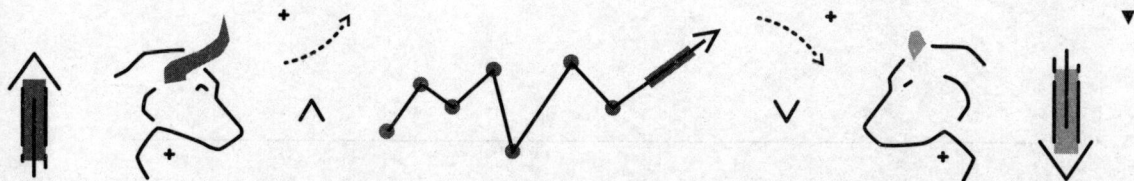

4.1 MA 指标突破形态加仓时机

MA 指标就是人们常说的移动平均线，前面几章经常使用的中长期均线就属于移动平均线的一类。通过将一定周期内股票的成交价格算术平均，再将数值连接后平滑，就能够得到时间周期不一的均线。

时间周期的不同会导致均线的特性有所偏向。比如短期均线的特性就是反应灵敏，与 K 线的贴合度高，但稳定性较差；中长期均线的特性则是滞后性强，常常与 K 线拉开距离，但稳定性很好。

由此可见，前面几章的案例中将不同周期的均线组合使用是有原因的，短期均线、中期均线和长期均线合理配置，能够很好地取长补短。同时，不同周期的均线之间也会形成丰富的突破形态，再加上 K 线与均线之间的交叉，短线投资者能够从中分析出大量实用的信息。

下面就针对均线组合中常见的一些突破形态进行逐一解析。

4.1.1 均线组合金叉扭转

均线组合金叉扭转的形态中包含两个关键知识点，即金叉和均线向上扭转。首先来介绍金叉的概念，均线之间的金叉是时间周期较短的均线自下而上突破时间周期较长的均线所形成的，传递出的是看多信号，构筑金叉的均线周期越长，看多信号就越可靠。

均线向上扭转的形态则是基于股价自下而上转折的走势形成的，并且位置相对较低，因为股价需要经历一段时间的下跌，才能带动整个均线组合跟随下行。

待到股价止跌回升后，就会率先将短期均线扭转向上，使其自下而上突破周期更长的均线，形成一系列金叉后，整个均线组合也会全部扭转向上，完成形态的构筑，如图 4-1 所示。

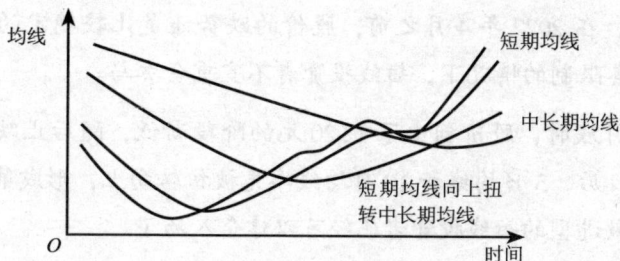

图 4-1　均线组合金叉扭转示意图

由此可见，均线组合金叉扭转的形态是比较可靠的看多突破形态，其中蕴含着大量的买进机会。短线投资者可以在第一个金叉形成的位置就试探性地建仓了，随着金叉数量的增加，投资者还可以分批次加仓，直到中长期均线也被彻底扭转，行情转入上涨之中。

实例分析

埃斯顿（002747）均线组合金叉扭转加仓形态

图 4-2 为埃斯顿 2022 年 2 月至 7 月的 K 线图。

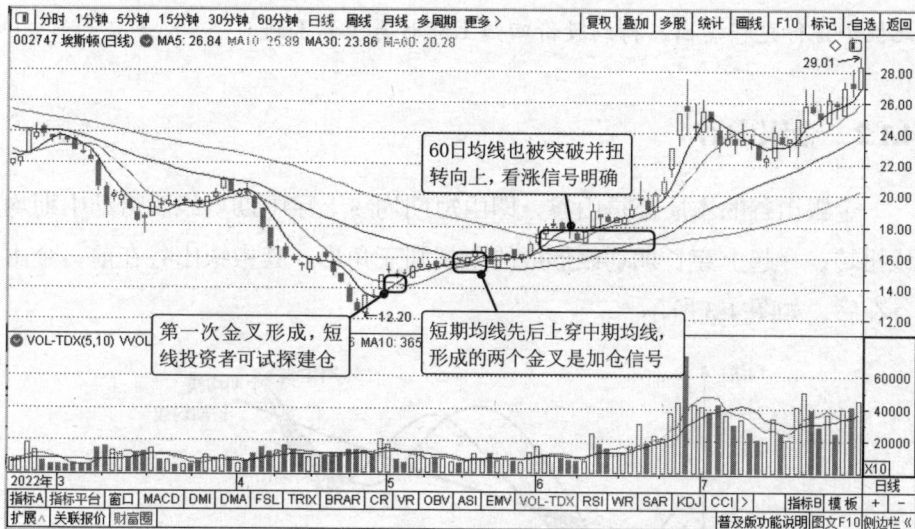

图 4-2　埃斯顿 2022 年 2 月至 7 月的 K 线图

图 4-2 展示的是埃斯顿一段涨跌周期轮换的过程，从中长期均线的表现

就可以看出，在 2022 年 4 月之前，股价的跌势还是比较稳定的，多次反弹都没能突破其限制的情况下，短线投资者不宜重仓参与。

到了 4 月底时，股价创出了 12.20 元的阶段新低，随后止跌回升。在上涨几个交易日后，5 日均线和 10 日均线率先被扭转向上，形成第一个黄金交叉。此时，激进型的短线投资者已经可以建仓入场了。

进入 5 月后，该股在 16.00 元价位线下方受阻后减缓了上涨速度，但最终还是成功将其突破。同一时刻，5 日均线和 10 日均线被带动向上先后突破了 30 日均线，又形成两个黄金交叉，发出加仓信号。

在后续的走势中，30 日均线逐渐被 K 线和两条持续上扬的短期均线扭转向上。6 月初时，两条短期均线先行向上穿越了 60 日均线，形成黄金交叉后不久，30 日均线也随着股价的上涨而成功突破 60 日均线，并彻底将其扭转向上，发出强烈的买进信号。

之后股价上涨到接近 28.00 元的位置，随后形成一定幅度的回调。配合均线组合的金叉扭转形态来看，此次回调的幅度应当不会太大，持股时间不长的短线投资者可以继续持有，不过建仓时间较早的短线投资者还是最好趁此机会先行兑利卖出，待到股价回归上涨时再重新买进。

4.1.2　金银山谷

金银山谷的本质都是山谷，即由短期均线上穿中期均线后带动中期均线扭转，一起上穿长期均线形成的不规则三角形。其中银山谷在前，金山谷在后，如图 4-3 所示。

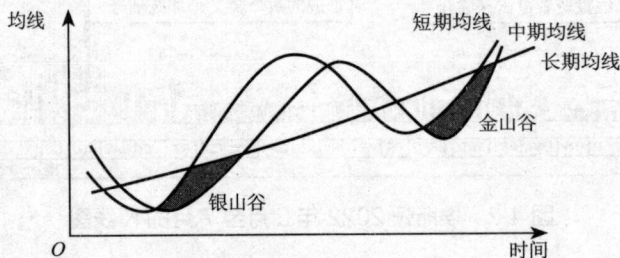

图 4-3　金银山谷示意图

从图 4-3 中可以看出，金银山谷其实就是由 K 线扭转周期相对较短的均线后反复穿越周期相对较长的均线，形成多个金叉后构筑出的形态。只是由于形成位置特殊，连续两个山谷又具有特别的预示意义，才会成为一大经典均线看多形态。

一般来说，金银山谷常见于上涨趋势的初期，或是深度回调结束后股价继续拉升的初始位置。最先形成的山谷位置较低，被称为银山谷，当股价回调结束继续上涨后，形成的第二个位置更高的山谷就是金山谷，它意味着市场有充足的资金推动价格上涨，投资者完全可以在此加仓。

需要注意的是，金银山谷是由三条均线构成的，并非人们常使用的四条均线组合，因此投资者在使用时可以考虑去掉一条均线。短线投资者可去掉 60 日均线，只以 5 日均线、10 日均线和 30 日均线作为参考，这样会更符合短线投资的策略。

实例分析
金雷股份（300443）金银山谷加仓形态

图 4-4 为金雷股份 2021 年 3 月至 8 月的 K 线图。

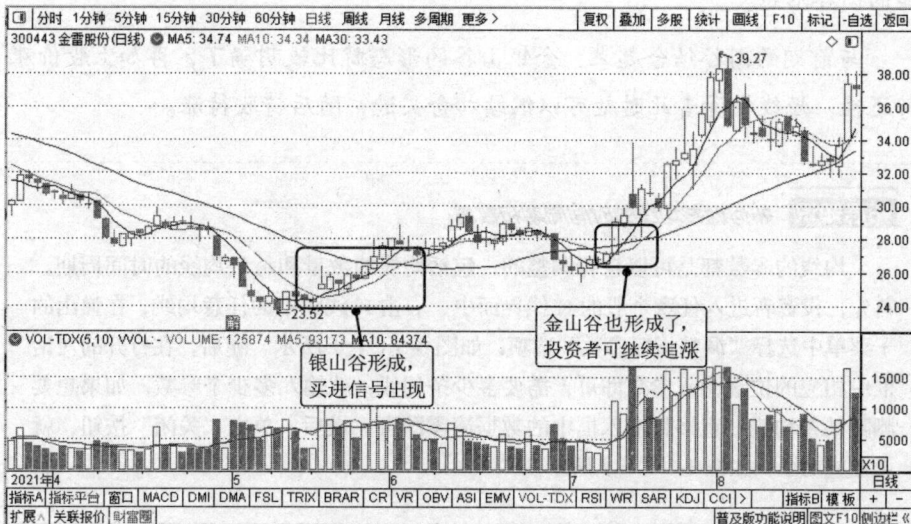

图 4-4 金雷股份 2021 年 3 月至 8 月的 K 线图

从金雷股份的这段走势可以看到，该股在 2021 年 4 月还处于下跌走势之中，均线组合长期下行形成压制，尤其是 30 日均线，下行角度十分稳定。直到股价在 24.00 元价位线附近得到支撑企稳后，5 日均线和 10 日均线才逐步减缓下倾角度，开始走平。

5 月中旬，股价开始小幅收阳上涨，带动 5 日均线和 10 日均线向上扭转，形成金叉后持续上行，最终于 5 月底成功突破 30 日均线，形成了一个尖角朝上的不规则三角形，也就是一个山谷。

在金山谷没有出现之前，投资者还不能轻易将其视作银山谷，毕竟这种山谷还是很常见的，但形态释放出的看多信号依旧能够让短线投资者迅速建仓或加仓买进。

进入 6 月后不久，该股在 30.00 元价位线下受阻后小幅回落到 28.00 元价位线上横盘，数日后收阴下跌，来到 26.00 元价位线附近。受其影响，5 日均线和 10 日均线跌下了 30 日均线的支撑，5 日均线也运行到了 10 日均线之下，整个均线组合有了再次形成山谷的条件。

7 月初，K 线迅速收阳上涨，比前期更快的涨速也带动着整个均线组合更快向上扭转，5 日均线和 10 日均线先后突破 30 日均线，形成了又一个明显的山谷形态。

与前期的山谷结合起来，金银山谷的形态就比较明确了，再加上股价涨势迅猛，短线投资者此时就可以继续加仓买进，随后持股待涨。

拓展知识 *如何调整均线的时间周期和数量*

均线的参数都是可以自行调整的，包括均线的数量和每条均线的时间周期。首先，投资者进入任意个股的 K 线界面中，右击 K 线图中的任意均线，在弹出的子菜单中选择“调整指标参数”选项，如图 4-5（上）所示。随后，在打开的对话框中相应的位置输入参数即可，需要多少条均线，就输入多少个参数，如果想要删除某条均线，直接将输入框中的数据清零即可，最后，单击“关闭”按钮，就设置成功了，如图 4-5（下）所示。

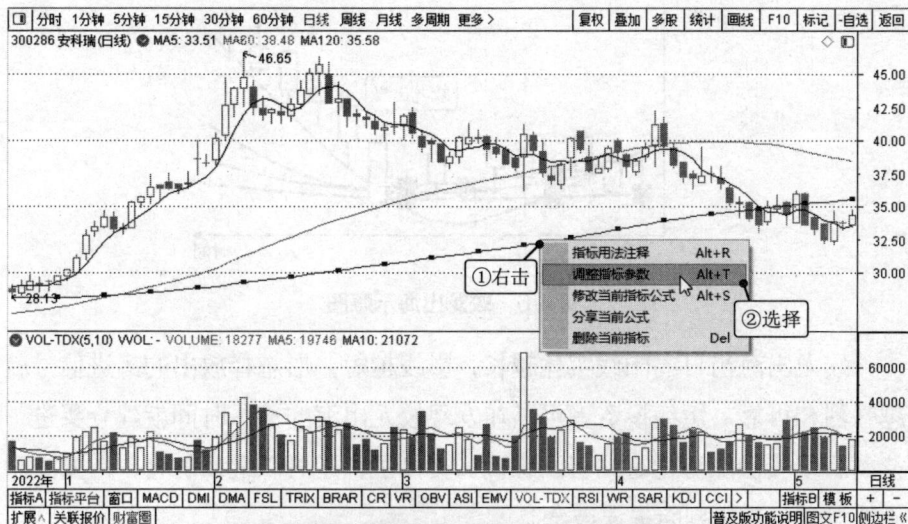

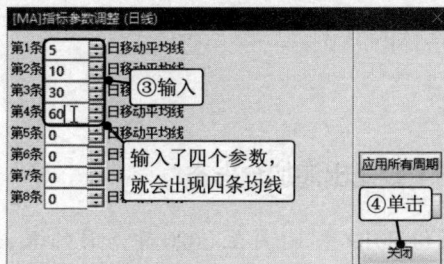

图 4-5 调整均线指标参数

4.1.3 蛟龙出海

蛟龙出海是 K 线与均线组合共同形成的突破形态，其中还包含了均线黏合后发散的特性，股价需要在相对低位横盘一段时间，使得均线组合黏合到一起，待到某个交易日 K 线大幅收阳，自下而上穿越整个均线组合后，就形成了蛟龙出海形态，如图 4-6 所示。

而均线组合的发散就在蛟龙出海阳线之后形成，若股价能够连续收阳上涨，整个均线组合就会被扭转向上。由于短期均线反应速度更快，会先于中长期均线转向，因此，就形成了均线组合如开花一般向上发散的形态，这一点从图 4-6 中也能看得很清楚。

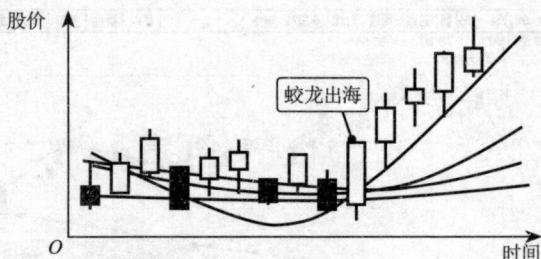

图 4-6　蛟龙出海示意图

　　蛟龙出海当日的阳线实体越长，影线越短，形态释放出的买进信号就越强烈和可靠。短线投资者可以在发现蛟龙出海的第一时间就建仓买进，待到后续股价涨势稳定或者回踩确认支撑了，还可以继续加仓，但要注意不能过重，避免判断失误被套。

　　下面来看一个具体的案例。

实例分析

金辰股份（603396）蛟龙出海加仓形态

　　图 4-7 为金辰股份 2019 年 10 月至 2020 年 1 月的 K 线图。

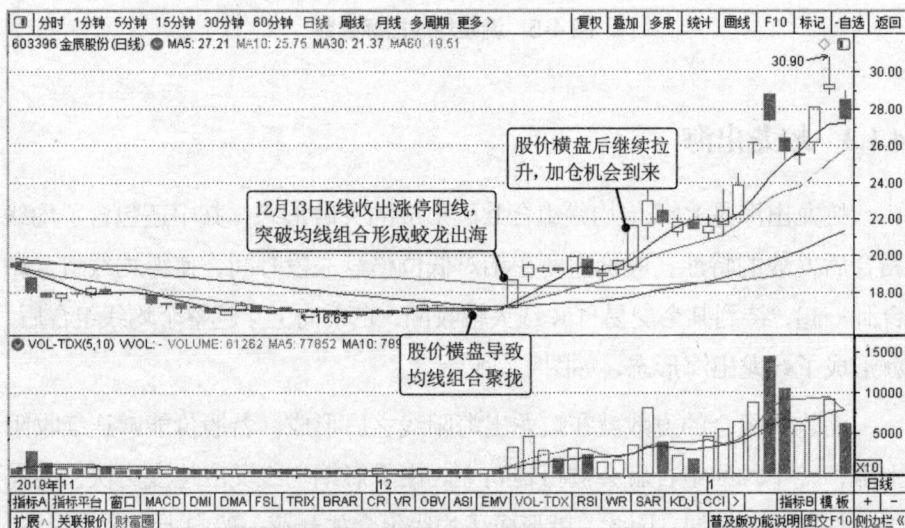

图 4-7　金辰股份 2019 年 10 月至 2020 年 1 月的 K 线图

从金辰股份的这段走势中可以看到，股价在 2019 年 11 月已经运行到了较低的位置，并且减缓走势后有了横盘的迹象，导致均线组合逐渐靠拢在一起。

进入 12 月后不久，30 日均线也已经与两条短期均线发生了重合，60 日均线则依旧有一定距离。但在 12 月 13 日这天，股价大幅上涨，有了穿越整个均线组合的迹象，下面通过当日的分时走势来进行详细了解。

图 4-8 为金辰股份 2019 年 12 月 13 日的分时图。

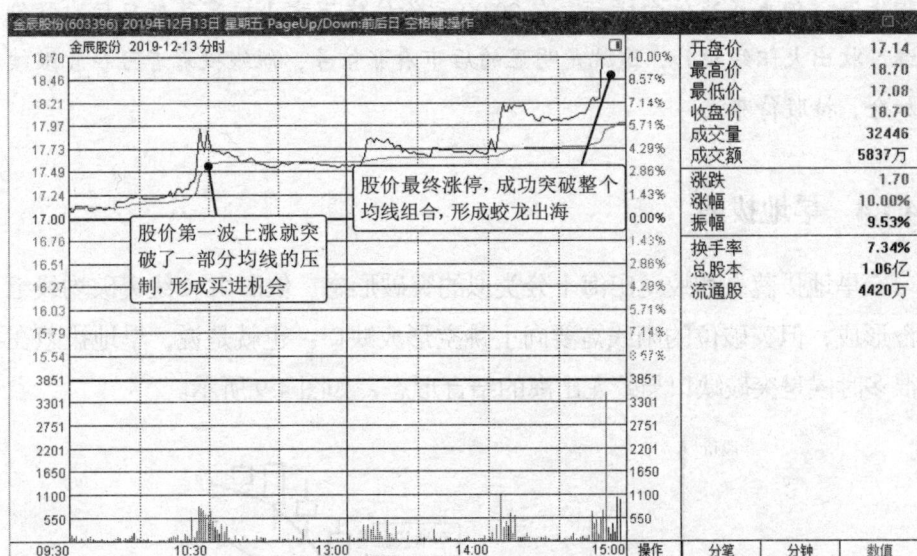

图 4-8　金辰股份 2019 年 12 月 13 日的分时图

从金辰股份的分时走势可以看到，该股在开盘时就是高价，开盘后围绕均价线横向震荡一段时间后逐步上冲，临近 10:30 时就已经上涨到了接近 18.00 元的位置。而在 K 线图中，股价上涨到这个位置就已经向上穿越了 5 日均线、10 日均线和 30 日均线的封锁，虽然还没有突破 60 日均线，但短线投资者其实已经可以大胆建仓入场了。

10:30 之后，股价有小幅的回落，但在均价线的支撑下还是维持住了横盘。下午时段开盘后，股价开启了新一波上涨，虽然涨速不快，但在阶梯式的攀登下，股价还是一步一步走到了更高的位置。

进入尾盘后，股价再次加速上涨，成功在收盘前达到了涨停，并封板直至收盘，最高价已经跃过 18.50 元价位线。

在 K 线图中，60 日均线所处的位置就在 18.50 元价位线附近，该股的最后一波上冲成功将其突破，形成了一个标准的蛟龙出海形态。结合当日的涨停走势，后市上涨空间可能会更大，短线投资者可追涨建仓，或是等待股价回调。

从 K 线图中股价后续的走势可以看到，蛟龙出海形成后，K 线虽继续收阳上涨，但更多地偏向横盘。在 20.00 元价位线下方小幅震荡数日后，股价继续收出大阳线拉升，这就是明显的后市看涨信号，短线投资者可在此继续加仓，持股待涨。

4.1.4 旱地拔葱

旱地拔葱是和蛟龙出海十分类似的突破形态，依旧由 K 线突破均线组合形成，但突破位的阳线需要向上跳空形成缺口。也就是说，旱地拔葱在很多时候是突破缺口与蛟龙出海的结合形态，如图 4-9 所示。

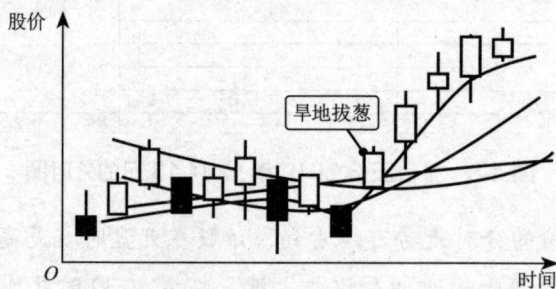

图 4-9　旱地拔葱示意图

不过，对旱地拔葱的要求不是十分严格，突破的阳线不需要自下而上穿越整个均线组合，只要阳线下端还处于均线组合内部就可以了。跳空的阳线也不需要真的突破前期压力线，只要满足缺口就行。至于阳线整个跳脱出均线组合之外，则属于另一个形态，4.1.5 节会详细解析。

旱地拔葱的形态意义与蛟龙出海一般无二，短线投资者的操作策略也是基本相同的。

如果跳空的阳线能够一举突破前期高点自然最好，投资者可以在当日还未收盘时就接收到信号买进；如果阳线没能突破前期高点，投资者也可以通过对均线组合的突破来找到好的买点。

下面来看一个具体的案例。

实例分析

杉杉股份（600884）旱地拔葱加仓形态

图 4-10 为杉杉股份 2020 年 3 月至 6 月的 K 线图。

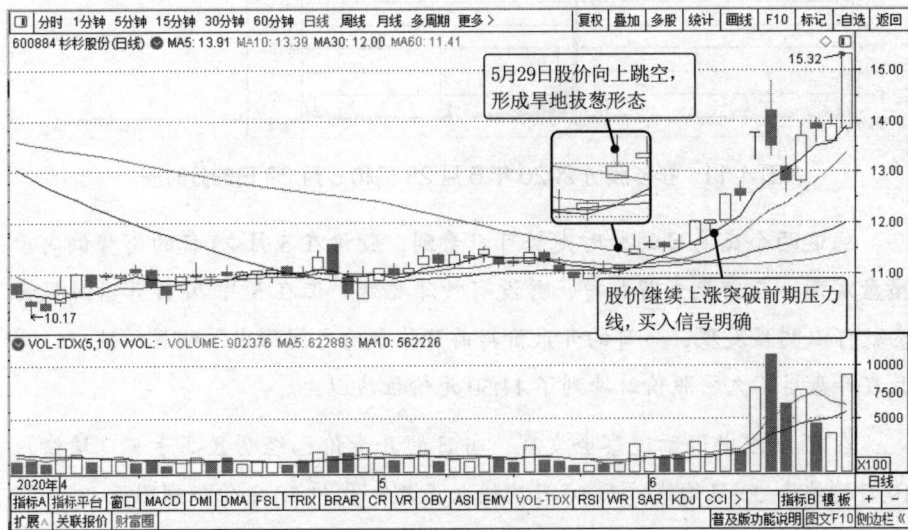

图 4-10　杉杉股份 2020 年 3 月至 6 月的 K 线图

从图 4-10 中可以看到，杉杉股份前期还处于低位横盘的过程中，随着横盘时间的拉长，30 日均线和 60 日均线逐渐向下，与早已走平的短期均线靠拢。

到了 5 月底，5 日均线、10 日均线和 30 日均线都已经黏合在一起，60 日均线也十分靠近。5 月 28 日股价常规运行并收阳，但在 5 月 29 日，K 线却收出了一根向上跳空的小阳线，下面通过当日的分时图来进一步了解。

图 4-11 为杉杉股份 2020 年 5 月 28 日和 5 月 29 日的分时图。

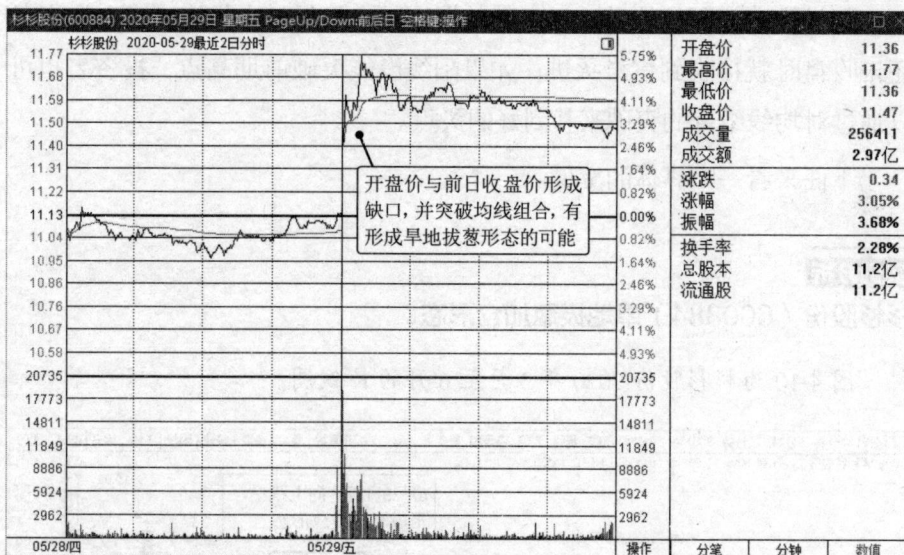

图 4-11 杉杉股份 2020 年 5 月 28 日和 5 月 29 日的分时图

从这两个交易日的分时走势可以看到，股价在 5 月 28 日的走势偏向于横盘震荡，与前期走势相符，并没有特殊之处。但在 5 月 29 日开盘时投资者就可以明显发现，当日的开盘价与前日收盘价之间形成了明显的缺口，并且在开盘后不久，股价就冲到了 11.50 元价位线以上。

在 K 线图中仔细观察会发现，当日的开盘价已经明显高于 5 日均线、10 日均线和 30 日均线，而 60 日均线也正是处于 11.50 元价位线附近。

该股开盘后数分钟内就表现出了向上突破均线组合的走势，说明当日极有可能收出一根旱地拔葱阳线，激进的投资者当时就可以建仓。不过，由于这时的股价还未收盘，K 线形态也还未确定，谨慎型的投资者可以继续观望一段时间。

几分钟后，股价冲到 11.77 元的最高价后开始回落，盘中持续震荡下行，最终以 11.47 元的价格收盘，稍高于开盘价，K 线收出带长上影线的小阳线。从 K 线图中可以很明显地看到，该股形成了旱地拔葱的形态，进一步确认了看涨信号。

虽然股价在后续的交易日里没有连续上行突破前期高点，但其运行区间已经有了明显上抬，数日后更是大幅收阳彻底突破前期压力线，形成了更加清晰的买入信号。此时已经建仓的短线投资者就可以趁势加仓了，还在观望的投资者也可以试着介入。

拓展知识 *分时图中如何设置多日分时同列*

在上一个案例中，为了让投资者更好地观察两个交易日之间的缺口，图 4-11 采用了两日分时走势同列的方式，分析起来十分便捷，也有可比性，实战中有很多投资者采用这种方式寻找短线买卖点。

那么，多日分时走势同列如何设置呢？其实最简便的方法就是快捷键，以通达信炒股软件为例，投资者只要在分时图中按【Alt+ 数字】，就可以调出对应日期的分时同列图。比如按【Alt+2】，调出的就是最近两日的分时图，也就是图 4-11 中呈现的效果。

除此之外，投资者还可以通过分时图中的"操作"子菜单进行设置，但不如快捷键便捷，这里不再展示，感兴趣的投资者可自行探索。

4.1.5　鱼跃龙门

鱼跃龙门也是蛟龙出海衍生而来的突破形态，它不仅需要阳线向上跳空形成缺口，还要整根阳线都跃到均线组合之上，不形成任何交叉，如图 4-12 所示。

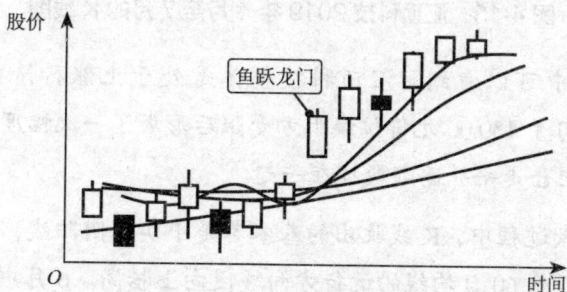

图 4-12　鱼跃龙门示意图

鱼跃龙门中的阳线很有可能会直接突破横盘期间的压力线,因此,比起前面两种形态来说更加激进,释放出的看涨信号也更加强烈。若短线投资者发现突破缺口和鱼跃龙门同时形成,就可以迅速跟进,在合适的位置吸纳建仓,等待后市发展。

下面来看一个具体的案例。

实例分析

汇顶科技(603160)鱼跃龙门加仓形态

图 4-13 为汇顶科技 2019 年 4 月至 7 月的 K 线图。

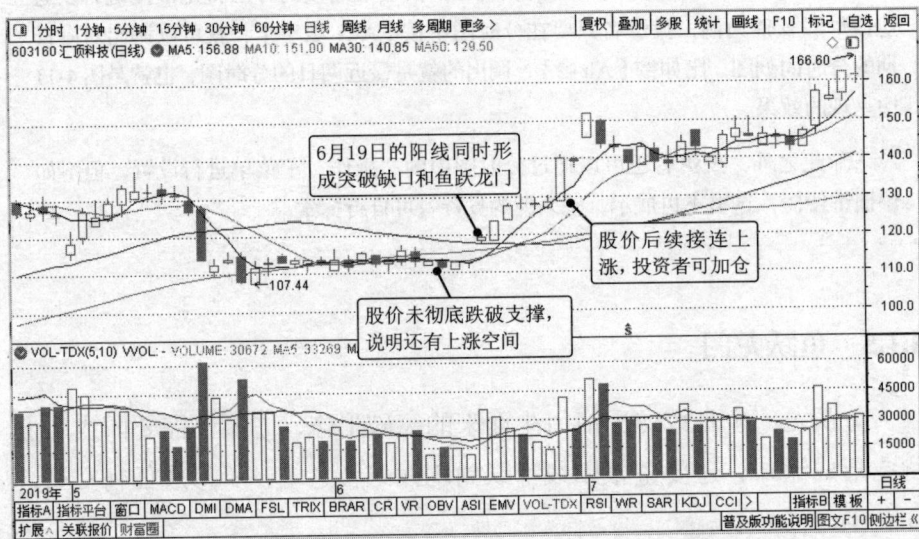

图 4-13 汇顶科技 2019 年 4 月至 7 月的 K 线图

从图 4-13 中可以看到,汇顶科技整体是处于上涨行情中的,只是在 2019 年 5 月上旬于 130.00 元价位线上方受阻后形成了一次幅度稍大的回调,导致整个均线组合走平并逐渐聚拢在一起。

在整个横盘过程中,K 线收出的基本都是小实体阴阳线,并且震荡幅度非常小,整体沿着 60 日均线的运行方向缓慢向上抬高。6 月中旬,K 线小幅脱离 60 日均线向下掉落,但在 110.00 元价位线处得到支撑,说明多方还是有一定的助涨能量,股价未来变盘的概率比较大,短线投资者可保持关注。

6 月 18 日，该股常规震荡收出一根小 K 线，但 6 月 19 日的走势就十分关键了，它在开盘就大幅向上跳空，有形成突破缺口的可能，下面通过当日的分时走势来详细解析。

图 4-14 为汇顶科技 2019 年 6 月 18 日和 6 月 19 日的分时图。

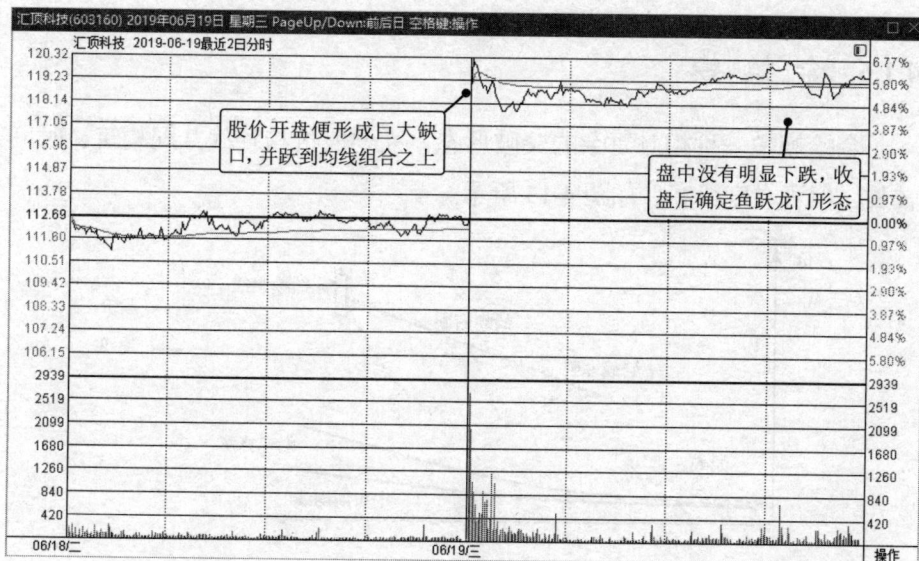

图 4-14　汇顶科技 2019 年 6 月 18 日和 6 月 19 日的分时图

从这两个交易日的分时走势可以看到，6 月 18 日股价的表现平常，反复震荡后以稍高于开盘价的价格收盘，形成了一根实体极小的小阳线。但在 6 月 19 日开盘时，股价就呈现出了极端的大幅跳空开盘走势，并且开盘第一分钟就有巨大量能继续推涨，将价格推到了 120.00 元价位线以上。

观察 K 线图可以发现，无论是 30 日均线还是 60 日均线，在当日都是处于 120.00 元价位线以下的。所以，该股的开盘价也高于整个均线组合，形成的跳空缺口突破了横盘区间的压力线。

这就说明，6 月 19 日的 K 线不仅可能形成突破缺口，还有可能同时构筑出鱼跃龙门的形态。此时，激进型的短线投资者已经可以建仓买进了，谨慎型的短线投资者等到当日收盘后再决定也不迟。

在 6 月 19 日后续的走势中，该股反复在高位震荡，最终也没有形成明显回落，以 119.49 元的价格收出一根小阳线，成功突破了横盘区间上边线和整个均线组合，形成了一个标准的鱼跃龙门形态。

此时，强烈的买进信号已经形成，再加上后续股价也在连续上涨，短线投资者可以寻找合适的时机加仓入场了。

4.1.6　金蛤蟆

金蛤蟆是一种相对复杂的突破形态，需要股价与均线共同构筑，时间较长，但可靠度很高，如图 4-15 所示。

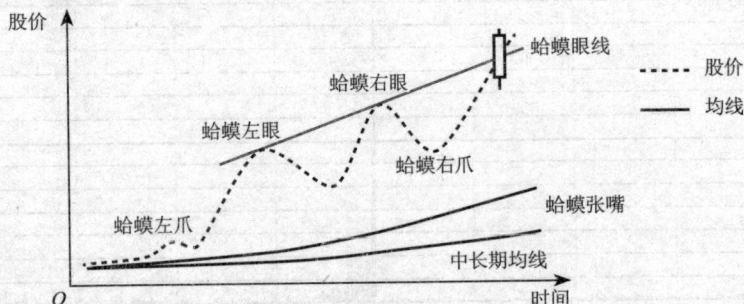

图 4-15　金蛤蟆示意图

图 4-15 中的虚线代表的是股价走势，它构筑出了形态中的大部分关键部位。首先就是股价多次拉升后回调形成的蛤蟆左爪、蛤蟆左眼和蛤蟆右眼，其次是蛤蟆右眼形成后回调底部的蛤蟆右爪，最后是连接蛤蟆两眼后延伸形成的蛤蟆眼线。

而中长期均线负责构筑的只有一个部分，即股价上涨后带动两条中长期均线向上发散形成的蛤蟆张嘴。注意，这里的中长期均线不再是 30 日均线和 60 日均线，而是 60 日均线和 120 日均线，这样形成的蛤蟆张嘴更具有说服力。

形态成立的关键在于股价能否继续上涨，收出大阳线的同时成功突破蛤蟆眼线。若形态的一切都满足金蛤蟆的技术形态要求，股价突破蛤蟆眼线时还形成了向上跳空，形态就会进阶成为蛤蟆跳空，释放出的买进信号将会更加强烈。

在了解金蛤蟆的形态后，相信短线投资者已经发现了不少能够介入的点，比如拉升初始的蛤蟆左爪、蛤蟆双眼之间的低点、蛤蟆右爪及蛤蟆眼线被突破的位置，这些都是很好的短线介入点。

虽然在金蛤蟆完全成立之前买进具有一定的风险，但由于形态构筑的时间偏长，如果短线投资者不提前介入，等到金蛤蟆成立时，股价的涨势已高，投资者能够获取的收益会大大缩减。并且短线投资者也不应当耗费太长时间在一只股票的观察和分析上，因此，投资者大可以在形态构筑期间尝试介入。

实例分析

昊华能源（601101）金蛤蟆加仓形态

图 4-16 为昊华能源 2021 年 3 月至 9 月的 K 线图。

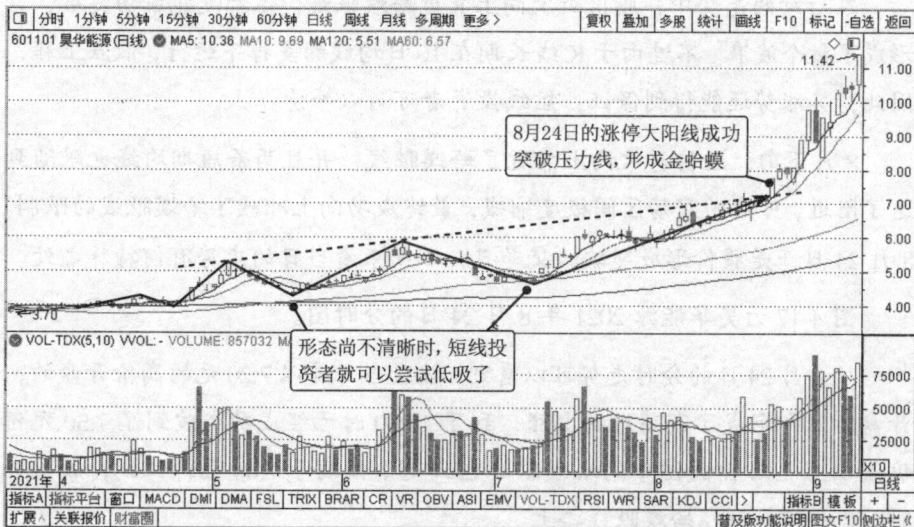

图 4-16　昊华能源 2021 年 3 月至 9 月的 K 线图

从图 4-16 中可以看到，昊华能源正处于持续的上涨行情之中，期间形成的多次震荡有构筑金蛤蟆的潜力，短线投资者可仔细观察。

在 2021 年 4 月上旬，该股进行了一次小幅上冲，但很快便受阻回调，形成了一个小山包。4 月底的第二次拉升速度就明显加快了，涨幅也比较可观，股价一直上涨至 5.00 元价位线以上才形成回调。再加上中长期均线也有了向上转向的迹象，行情向好的信号开始发出。

待到股价跌落至 60 日均线上方得到支撑企稳后，K 线就开始收阳形成第三次上涨。尽管此时金蛤蟆根本没有成型，但接收到积极信号的短线投资者还是可以试探着建仓买进。

进入 6 月后不久，股价在 6.00 元价位线上受阻回落，后续同样在 60 日均线上得到了支撑，形成第四次拉升。此时，敏锐的投资者可能已经发现金蛤蟆的雏形了，毕竟蛤蟆的双爪和双眼都已经出现，60 日均线和 120 日均线也开始向上发散形成蛤蟆张嘴，就差股价突破蛤蟆眼线了。

因此，股价第四次拉升的起始位置就是一个比较明确的买点了，已经建仓的投资者可以加仓，还在观望的投资者也可以轻仓试探。

在后续的走势中，股价数次向上靠近蛤蟆眼线，但都没能成功突破，只形成了数个波浪。不过由于 K 线长期在 10 日均线的支撑下运行，低点上移，因此，其涨势还能得到保证，短线投资者可耐心等待。

8 月下旬，股价再次向上靠近了蛤蟆眼线，并且两条短期均线也跟随到达了附近，K 线的震荡区间极度缩减，最终成功向上冲破了蛤蟆眼线的限制。8 月 24 日正是股价形成突破的交易日，下面来看当日的走势有何特殊之处。

图 4-17 为昊华能源 2021 年 8 月 24 日的分时图。

从 8 月 24 日的分时走势可以看到，该股当日是以 7.20 元的高价开盘的，开盘后立即形成了震荡式的上涨，到了 10:00 时已经成功突破到了 7.50 元价位线以上。而 K 线图中的蛤蟆眼线也只是小幅高于 7.00 元价位线，股价此时就已经突破到了蛤蟆眼线之上。

在当日后续的走势中，该股形成了一次回调，但均价线提供了强力支撑，股价于下午时段开盘后就继续上涨，并很快接近了涨停。尽管股价没有第一时间涨停封板，但其在涨停板附近震荡的形态已经说明当日的收盘价很可能就是涨停价。也就是说，股价对蛤蟆眼线的突破大概率会得到确认。

事实也确实如此，股价当日以 10.04% 的涨幅收盘，K 线收出一根大阳线成功突破了蛤蟆眼线，不仅宣告了形态成立，还确定了未来的上涨走势。此时，短线投资者就可以迅速跟进加仓，抓住后续涨幅。

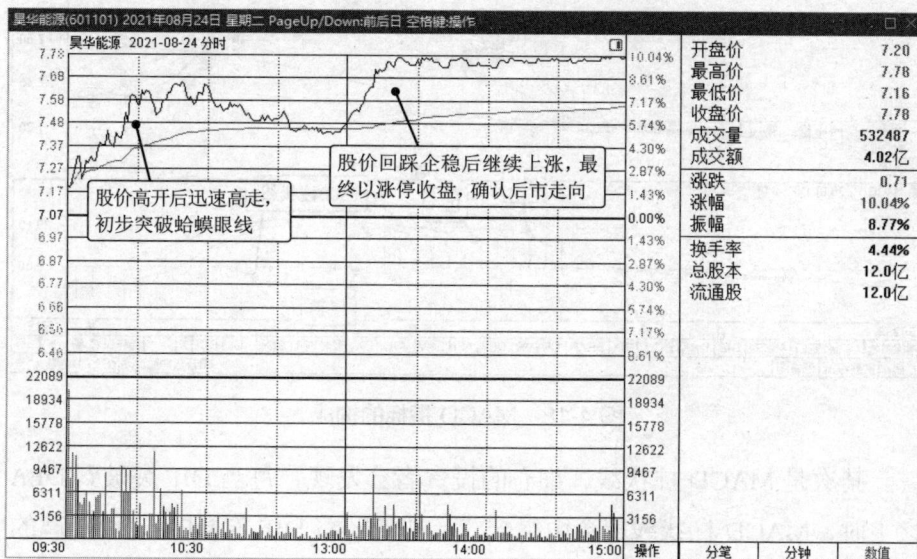

图 4-17　昊华能源 2021 年 8 月 24 日的分时图

4.2　MACD 指标的短线突破点

MACD 指标因为结构简单、使用便捷、信息量丰富、实战性强等优点，享有指标之王的美称，它的具体构成要素如图 4-18 所示。

从图 4-18 中可以看到，MACD 指标由两条指标线、柱状线和零轴构成，结构十分简单，但其中包含的信息却一点也不少。

首先来看指标线，分别是快线 DIF 和慢线 DEA，从其名称就可以看出，DIF 的运行速度和灵敏程度要高于 DEA。因此，当 DIF 运行于 DEA 之上时，说明股价可能有了一定的上涨；相反，当 DIF 跌到 DEA 之下时，股价的表现可能就会差强人意了。

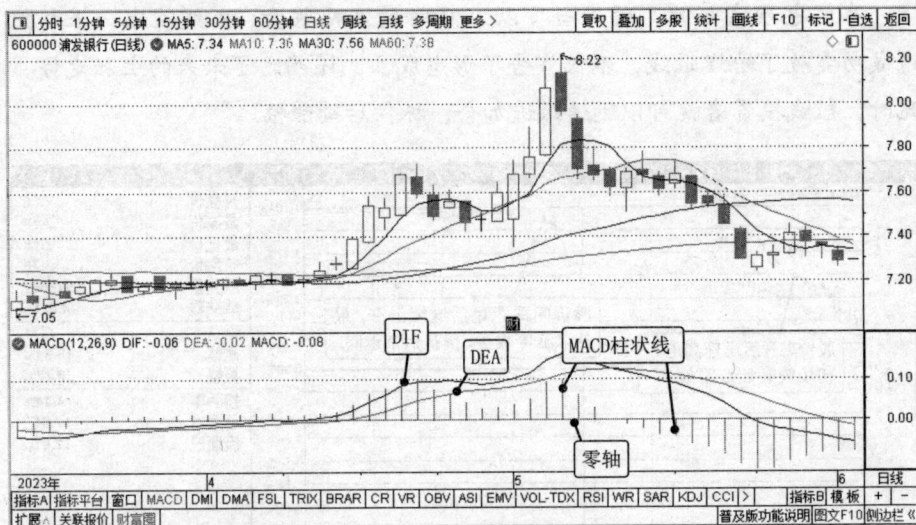

图 4-18　MACD 指标的构成

其次是 MACD 柱状线，细心的投资者会发现，每当 DIF 突破到 DEA 之上时，MACD 柱状线就会由绿转红，并且随着 DIF 与 DEA 之间距离的拉大或缩小而相应伸缩；相反，当 DIF 落到 DEA 之下时，MACD 柱状线会由红转绿，绿柱也会随着两条指标线之间的位置变化而拉长或缩短。

最后是零轴，它是多空市场的分界线，也是 MACD 柱状线的起始线。当指标线运行至零轴之上时，说明市场处于多头，股价可能有亮眼表现；而当指标线跌到零轴之下时，市场则处于空头，股价可能正在下跌。

由此可见，MACD 指标中包含的突破形态非常丰富，对于短线投资者来说也很有助益，下面就来对这些突破形态进行解析。

4.2.1　DIF 与 DEA 的金叉

MACD 指标的金叉其实就是快线 DIF 自下而上突破慢线 DEA 形成的，如图 4-19 所示。

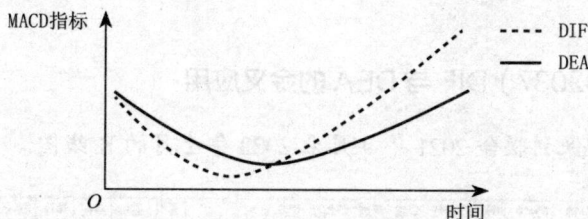

图 4-19　MACD 指标的金叉示意图

要让 MACD 指标线形成图 4-19 这样的走势，市场应当会有一些积极的表现，比如下跌走势减缓并止跌企稳，或者股价由震荡变盘上涨等情况。

不同的股价走势也会对应着不同的金叉形态。如果股价前期处于下跌走势之中，MACD 指标线就可能被带到零轴之下运行，待到股价止跌回升时，DIF 与 DEA 就会在零轴之下形成金叉，这种形态被称为低位金叉。

如果股价本就处于上涨过程中的整理阶段，MACD 指标线已经位于零轴之上了，那么当其形成小幅回调后继续上升的走势，DIF 和 DEA 就会在零轴之上形成金叉，这就是高位金叉了。

还有一种特殊情况，那就是在零轴附近形成的中位金叉，这种金叉的形成原因很多，可能是股价横盘期间上下震荡形成的，也可能是股价小幅下跌后回升形成的，具体需要根据实际情况进行分析。

但无论是何种金叉，其传递出的积极信号都是类似的，只是由于建仓位置和股价走势的不同，投资者在各类金叉处买进的风险和成本也会有差别。比如低位金叉处的风险就比高位金叉大，但其建仓成本可能就要低很多了，有时候投资者还可以利用低位金叉实现抄底。

除此之外，MACD 指标的金叉还可能连续形成，比如低位金叉出现后不久，就可能衔接上中位金叉或高位金叉，这就是股价接连上涨后回踩不破的证明，这时投资者就可以适当加仓了。

当然，具体情况还要具体分析，投资者不可将一种或几种固定的策略应用到所有金叉中，哪怕是一类金叉也不行。

下面来看一个具体的案例。

实例分析

保利联合（002037）DIF 与 DEA 的金叉应用

图 4-20 为保利联合 2021 年 9 月至 2022 年 2 月的 K 线图。

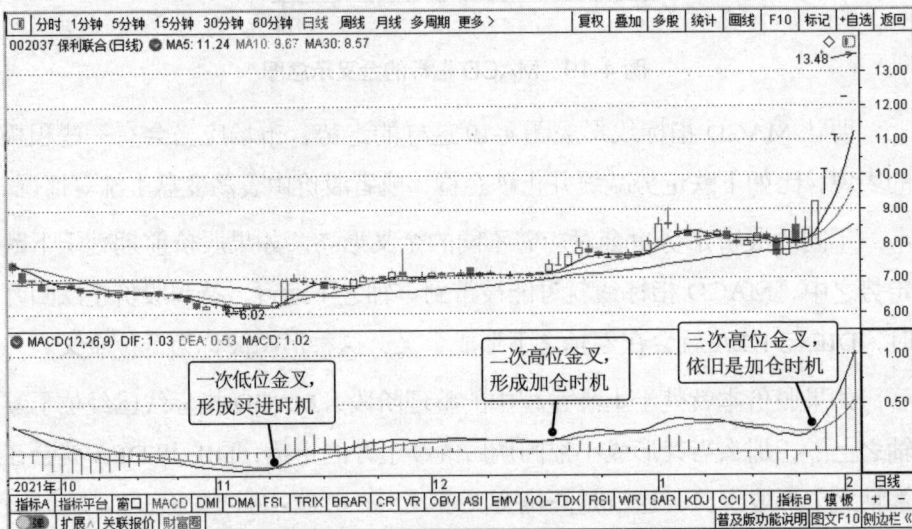

图 4-20　保利联合 2021 年 9 月至 2022 年 2 月的 K 线图

从保利联合的这段走势中可以看到，该股大部分时间都处于上涨过程中，只是在 2021 年 10 月形成了一次时间较长的回调，但 60 日均线在此期间接近走平，并未转向下跌，这说明股价还有上涨机会。

不过，灵敏度更高的 MACD 指标却已经随着股价的下跌而运行到了零轴之下，传递出短期看跌的信号，短线投资者在此期间不要轻易介入。

继续来看后面的走势。到了 11 月初，该股在 6.00 元价位线附近止跌企稳后才开始逐步收阳回升，带动短期均线拐头向上并形成了一个金叉。此后不久，MACD 指标线也在其影响下转折向上，并在零轴下方形成一个低位金叉。

双金叉共振传递出了明确的看涨信号，但由于股价还未形成明显的拉升，短线投资者不可过多投入资金，轻仓试探即可。

在双金叉形成后数日内，该股就收出了一根涨停大阳线，将股价一举拉升到 7.00 元价位线附近，经过长时间震荡后成功将其突破，MACD 指标线也运行到了零轴之上。

但就在突破后不久，股价再度形成横盘整理，并在后期有小幅的回调，这就导致 DIF 也跟随下行并跌破 DEA。市场看似即将走弱，但中长期均线依旧提供着充足的支撑，数日之后股价就回升了，带动 MACD 指标线继续上行，DIF 又突破 DEA 形成了第二个金叉，也是一个高位金叉。

很显然，这里的二次金叉就是比较可靠的加仓时机，在中长期均线的支撑下，股价回调的幅度已经是微乎其微了，那么后市上涨的可能性也会进一步扩大，短线投资者可以在此加大资金注入量。

在后续的走势中，该股又形成了数次震荡，但由于涨势可观，MACD 指标线都没有再形成交叉，只是上行角度有所变化。

进入 2022 年 1 月后，股价才在 9.00 元价位线处受阻回调，时间拉长了一些，使得 DIF 再度回到 DEA 之下，持股时间已长的投资者可借此卖出兑利，刚入场不久的投资者还可以继续观望。

1 月下旬，股价在 30 日均线上得到支撑后继续回升，此次拉升的速度极快；股价几乎在企稳后数日内就形成了连续涨停。而在此之前，MACD指标就形成了一个高位金叉，同时也是三次金叉。那么反应快的短线投资者就可以在股价彻底涨停封板之前借助 MACD 指标金叉买进或加仓，以抓住后续的涨停式拉升。

4.2.2　MACD 指标线突破零轴

MACD 指标线突破零轴也是一个很关键的突破形态，如图 4-21 所示。

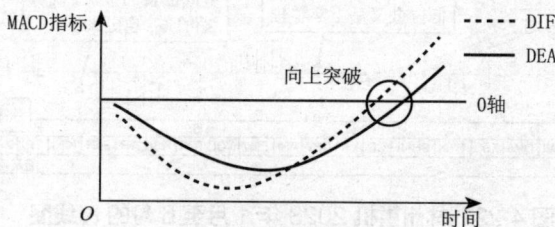

图 4-21　MACD 指标线突破零轴示意图

因为零轴可视作多空市场的分界线，一旦指标线将其彻底突破并持续上行，股价的走势大概率会有优于前期的表现。

对于短线投资者来说，这就是很好的加仓机会。因为两条指标线在双双上扬并对零轴形成突破之前，DIF 必定会上穿 DEA 形成低位金叉，那么投资者就可以先在低位金叉处建仓，后续再伺机加仓。

不过有些时候，如果股价反复在某一价格区间内上下震荡，形成类似矩形的整理形态时，MACD 指标线就可能被带动反复穿越零轴，形成数次突破或跌破形态。

在这种情况下，短线投资者就不要轻举妄动了，除非股价震荡幅度大到足以做短线，否则投资者还是以观望为佳。

下面来看一个具体的案例。

实例分析

林州重机（002535）MACD 指标线突破零轴应用

图 4-22 为林州重机 2023 年 1 月至 6 月的 K 线图。

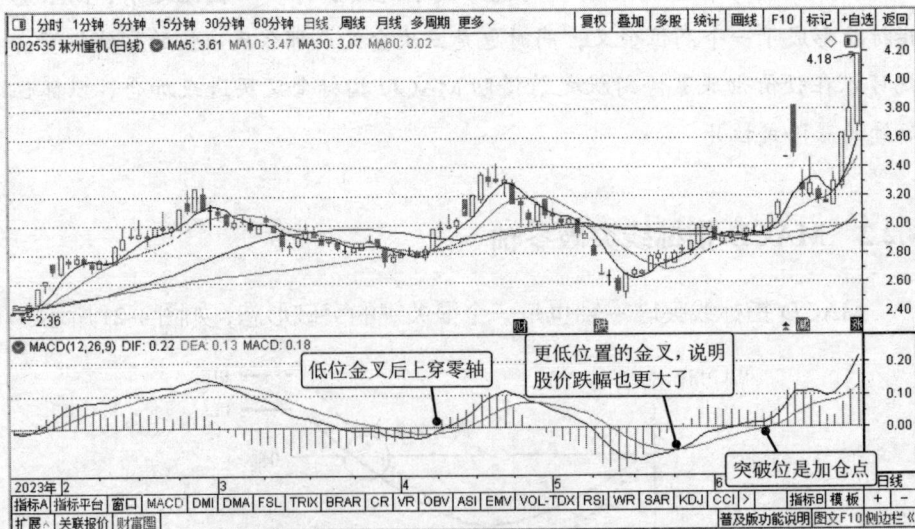

图 4-22　林州重机 2023 年 1 月至 6 月的 K 线图

从图 4-22 中可以看到，林州重机正处于相对震荡的走势中，不过整体趋势还是偏向上移的。2023 年 2 月，股价涨势十分迅猛，MACD 指标线在其带动下迅速深入零轴上方，期间的建仓和加仓机会众多，大量短线投资者参与其中。

待到股价上涨至 3.20 元价位线附近时，卖盘开始发力，持续增长的抛压导致股价拐头下跌，MACD 指标也在形成一个高位死叉后下行，传递出了抛盘信号，短线投资者要注意及时兑利出局。

3 月底，股价落到了 60 日均线上得到支撑，企稳后继续上涨。此时的 MACD 指标线已经来到了零轴之下，但距离并不远，DIF 很快便在股价上涨的带动下突破 DEA，形成一个低位金叉后持续上行，数日后就成功突破了零轴，再建仓的信号明确。

不过此次股价上涨的时间却不如以前，在 4 月中旬时便受阻回落。但其跌速却加快不少，股价在 5 月上旬就彻底跌破两条中长期均线，并带动 MACD 指标再次回到零轴之下，短期看跌信号愈发强烈。

到了 5 月中旬时，股价终于止跌企稳，DIF 也运行到了比前期更低的位置，进一步证实了此次跌势的迅猛。不过在此之后，股价就开始收阳上涨了，DIF 也很快跟随转折向上并突破 DEA，形成低位金叉后持续上行，于 6 月初成功突破到了零轴之上。

此时的股价已经上涨到了 3.00 元价位线附近，并在此受阻形成了滞涨。不过数日后股价就成功突破到了压力线之上，已经在前期低位金叉处建仓的短线投资者，此时就可以趁势加仓了。

4.2.3 上移双重峰

上移双重峰中的"峰"指的是 MACD 指标的红色柱状线。当 DIF 在股价上涨的推动下突破到 DEA 之上，MACD 柱状线就会转红。而随着 DIF 与 DEA 之间距离的拉大，MACD 红柱还会不断加长。

上移双重峰就是 DIF 两次向上远离 DEA 形成的 MACD 柱状线的特殊

形态，并且第二次远离的幅度更大，使得 MACD 红柱波峰能够突破前期高点，如图 4-23 所示。

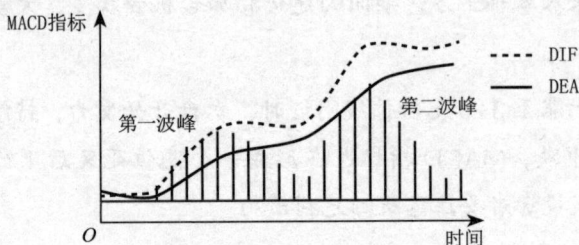

图 4-23　上移双重峰示意图

从图 4-23 中可以看到，上移双重峰对应的 MACD 指标线是持续上扬的，毕竟 DIF 长期运行于 DEA 之上就能证明这一点。

而 DIF 第二次远离 DEA 时距离拉大，也能说明市场积极性增强，推动力加大，股价的涨势可能更加迅猛或在不断创出新高。因此，上移双重峰在多数时候传递的是积极的看涨信号。

不过也有例外，比如当市场处于下跌状态时，MACD 指标线可能已经进入到零轴之下，这时股价形成连续反弹，就可能导致 DIF 上穿 DEA，并随着反弹而向上震荡，带动 MACD 柱状线形成上移双重峰。但股价在反弹结束后还是会回归下跌，因此，买进信号的强度会大打折扣。

当然，也并不是所有 MACD 指标线位于零轴以下的上移双重峰都不能轻易买进，在行情发生转折或是深度回调见底时，形成的这种形态就能够很好地帮助短线投资者抄底。

所以，一种形态的不同变种也会有很多不一样的解读，投资者需要将其与实际走势结合起来分析，才能更好地应用。

下面来看一个具体的案例。

实例分析

中科江南（301153）上移双重峰应用

图 4-24 为中科江南 2023 年 1 月至 5 月的 K 线图。

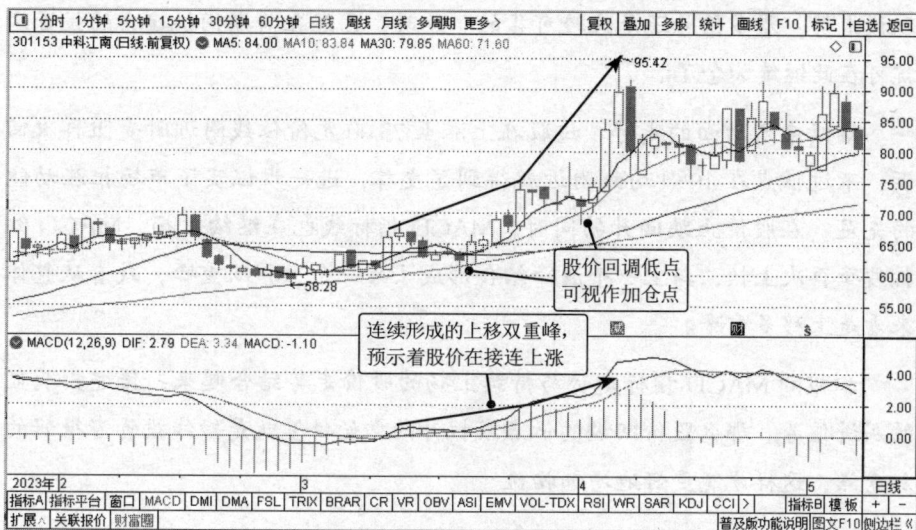

图 4-24　中科江南 2023 年 1 月至 5 月的 K 线图

从图 4-24 的中长期均线走势可以发现，中科江南正处于上涨趋势之中，股价在 2023 年 2 月中旬于 70.00 元价位线附近受阻后形成了一次速度较快的回调，直接跌破了 30 日均线并带动其转向。

在此期间，MACD 指标线也从高位滑落，一路向着零轴靠近。这说明股价跌幅也是比较大的，许多短线投资者借此机会卖出了前期持股。

2 月底，股价落到 60 日均线附近后止跌企稳，在进入 3 月后开始逐步收阳回升。这时的 MACD 指标线正从零轴下方转折向上，在形成一个中位金叉后继续上扬，使得 MACD 柱状线开始翻红并拉长，形成初步的买进信号。

该股在 3 月上旬形成的一次快速拉升使得 MACD 红柱出现了一个明显的波峰。不过数日之后股价就再度回调了，但低点在 60 日均线上得到支撑，说明其上涨空间还未被完全发掘。

3 月下旬，股价继续快速上扬，很快便创出了新高。MACD 指标也是一样，DIF 受回调影响靠近 DEA 后还未来得及接触，就被再度拉升向上，使得 MACD 红柱波峰跃过前期高点，形成上移双重峰。

很明显，这是 MACD 指标线位于零轴之上的上移双重峰，结合股价的积极走势，看多信号还是比较可靠的。此时，已经在前期伺机建仓的投资者就可在此继续加仓了。

继续来看后面的走势。该股在上涨至 75.00 元价位线附近时受阻再次回调，不过低点在 10 日均线附近就得到了支撑，进一步证实了市场推涨动能的充足。在股价止跌回升的同时，MACD 指标线也在继续上扬，MACD 红柱波峰再次上抬，与上一个波峰结合形成了又一个上移双重峰，或者从整体来看是上移多重峰。

积极的 MACD 指标走势与持续上扬的股价走势结合起来，传递出明显的买进信号。那么股价回调的低点或拉升的初始位置就是短线投资者很好的加仓点，这样才能更好地增加收益。

4.2.4　上移双重谷

上移双重谷与上移双重峰相对应，指的是股价还在下跌时，由于跌速减缓或其他原因，导致原本运行于 DEA 下方的 DIF 小幅向上靠近 DEA，MACD 绿柱波谷有所回缩的形态，如图 4-25 所示。

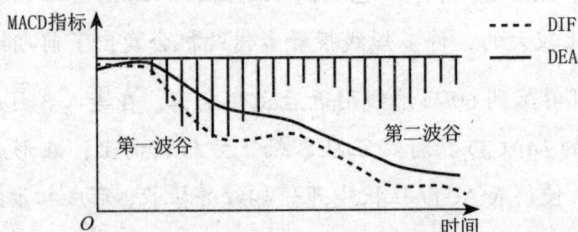

图 4-25　上移双重谷示意图

虽然在上移双重谷形成过程中，股价依旧处于下跌趋势，但 DIF 向着 DEA 靠近的走势就已经说明市场多方开始有所行动，表现在 K 线图中就可能是股价跌势减缓，或是频繁反弹的走势。

因此，当短线投资者发现上移双重谷时，就可以先行观望，待到股价确定止跌回升后再买进不迟。

如果上移双重谷形成的同时 MACD 指标线位于零轴上方，那就说明股价可能正在进行深度回调，并且即将见底回升。当然，也可能是行情刚刚转入下跌，MACD 指标线还未跌下零轴，上移的 MACD 绿柱波谷则意味着股价可能即将回抽，若后续未能突破前期高点，行情就可能彻底转向，已经入场的短线投资者就不能再停留。

下面来看一个具体的案例。

实例分析

红星发展（600367）上移双重谷应用

图 4-26 为红星发展 2021 年 8 月至 12 月的 K 线图。

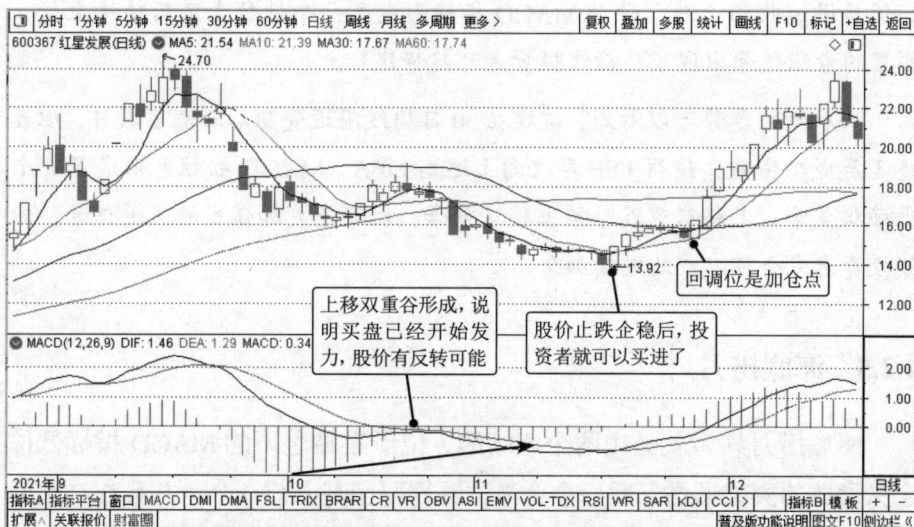

图 4-26　红星发展 2021 年 8 月至 12 月的 K 线图

从红星发展的这段走势中可以看到，在 2021 年 9 月中旬之前，股价的涨势十分迅猛，连续涨停更是多次出现，直到创出 24.70 元的新高后，股价才转势，开启了同样快速的下跌。受此影响，MACD 指标迅速形成了一个高位死叉后持续下行，MACD 柱状线翻绿后快速拉长。

直到 10 月中旬，该股在 60 日均线附近得到支撑后减缓了跌势，才使得

DIF 也减缓了下跌速度，MACD 绿柱缩短。

10 月中旬，股价形成了一次小幅反弹，但在 30 日均线处受阻回落，说明上方压力较大，短时间内投资者都不要轻易介入。观察 MACD 指标可以发现，在股价再次下跌的同时，DIF 与 DEA 的距离却被大幅拉进，MACD 绿柱波谷明显上移，形成上移双重谷。

上移双重谷的出现，意味着股价后续有反转向上的可能。但从目前该股的表现来看，似乎并没有很好的看涨迹象，因此，短线投资者需要先静观其变，等待变盘的到来。

进入 11 月中旬后，股价在 14.00 元价位线上方止跌横盘，30 日均线也在其带动下逐渐走平。11 月中旬，股价在一次下探后创出了 13.92 元的阶段新低后迅速收阳上涨，带动 MACD 指标形成了一个低位金叉后持续上行，明显的看涨信号出现了，短线投资者可趁势建仓。

从后续的走势可以看到，该股在 30 日均线附近受阻后滞涨了数日，但最终还是成功突破，使得 DIF 再次向上远离 DEA，MACD 红柱也形成了一个上移双重峰。上移双重谷后接上移双重峰，无疑是更加强烈的买进信号，短线投资者完全可以在此继续加仓。

4.2.5　海底捞月

海底捞月其实就是由两个连续的、位于零轴之下的 MACD 指标低位金叉形成的突破形态，后一个金叉位置需要稍高于前一个，并且在二次低位金叉形成后，两条指标线都需要上穿零轴，如图 4-27 所示。

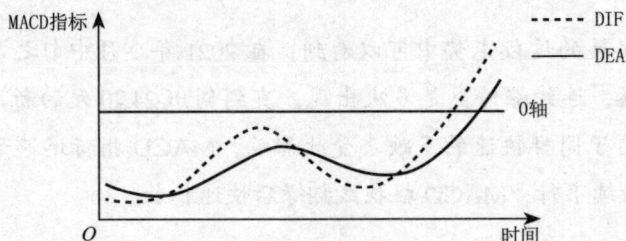

图 4-27　海底捞月示意图

　　海底捞月的形成，往往意味着股价正从低位开始回升，并且第一次拉升的幅度不大，DIF 虽成功突破 DEA，但没能成功突破零轴。股价后续又形成了一次小幅回调，使得 DIF 回到 DEA 之下，待到下一次股价拉升时，DIF 就有机会连续突破 DEA 和零轴，形成明显的看涨信号。

　　需要注意的是，两个低位金叉需要连续形成，横向不能相隔太远，中间也不能有太多的震荡，否则就有可能演变为低位震荡，形态也失去了辅助投资者买进的意义。

　　除此之外，如果海底捞月形成后股价没能继续上涨，而是转入震荡或是下跌走势，形态就会失效，其买进信号自然也不存在了。投资者此时就要根据股价的具体走势来确定是否继续买进，但该止损出局的还是要及时撤离，避免被套。

　　下面来看一个具体的案例。

实例分析

圣龙股份（603178）海底捞月应用

　　图 4-28 为圣龙股份 2021 年 8 月至 11 月的 K 线图。

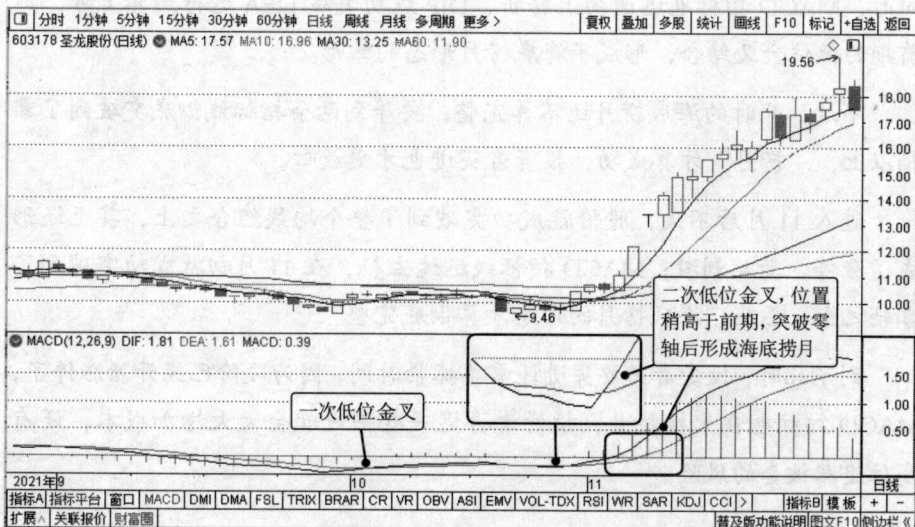

图 4-28　圣龙股份 2021 年 8 月至 11 月的 K 线图

在图 4-28 中，圣龙股份正从低位开始回升。2021 年 9 月，股价的跌势还十分明显，中长期均线更是随着一同下行。同一时期，MACD 指标线也已经运行到了零轴之下，说明市场处于空头，即便是短线投资者也不可轻易参与。

直到 9 月底，股价跌至 9.50 元价位线附近才止跌，并在后续形成了一次小幅上涨。但中长期均线带来的压制力足够强劲，股价没能成功突破，而是在其压制下滞涨。

MACD 指标虽在股价上涨的带动下形成了一个低位金叉后上行，但也没能跃过零轴，股价颓势还未完全逆转。激进型的投资者若想建仓，最好轻仓试探，谨慎型的投资者则先不必急于介入。

10 月中下旬，该股在中长期均线的限制下横盘了近半个月的时间，才最终转向下跌，带动 DIF 再次向下，跌穿了 DEA。

在这种走势下，看似该股又进入了下跌走势之中，但投资者只要多观察几个交易日就会发现，股价在小幅跌破前期低点后就止跌企稳了，说明可能还有上涨机会，投资者可继续等待。

数日之后，股价果然开始收阳上涨，并接连向上突破中长期均线。与此同时，MACD 指标也迅速向上转折，DIF 成功突破 DEA 运行到其上方，与前期的低位金叉结合，形成了海底捞月形态的雏形。

不过，此时的海底捞月还不算完整，要等到两条指标线彻底突破到了零轴以上，"捞月"才算成功，投资者买进也才更放心。

进入 11 月后不久，股价就成功突破到了整个均线组合之上，甚至还形成了涨停。受此刺激，MACD 指标线迅速上扬，在 11 月初就成功突破到了零轴之上，至此，海底捞月的形态才算彻底完整。

到了此时，投资者若要买进还需要抓紧时间，因为股价已经开始涨停了，MACD 红柱也在大幅拉升，投资者再迟一些买进就会大大增加成本，还有高位追涨被套的风险。

海底捞月形成时还可能出现底背离

　　由于海底捞月是在零轴之下形成的，在构筑过程中，股价很有可能依旧处于下跌之中，只是因为下跌势能即将耗尽，买盘开始发力，MACD 指标线才形成海底捞月形态，那么海底捞月低点上移的走势与股价低点下移的走势就形成了背离，这种背离也被称为底背离，如图 4-29 所示。

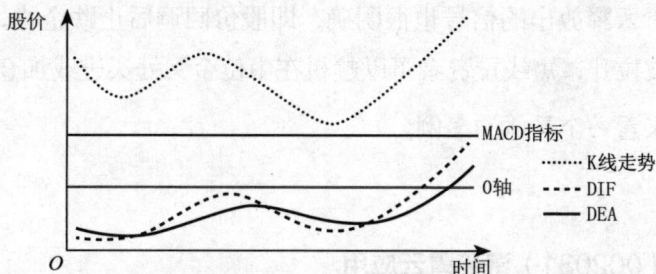

图 4-29　MACD 指标底背离示意图

　　底背离的形态其实并不影响海底捞月的看涨信号，事实上，底背离本身就是一种比较可靠的筑底形态，它经常与海底捞月配合出现，互相印证下，买进信号反而会得到加强，短线投资者依旧可以伺机建仓或加仓。

4.2.6　漫步青云

　　漫步青云是指股价在上涨过程中形成回调震荡的过程中，带动 MACD 指标从相对高位回落到零轴附近，DIF 小幅下穿零轴后回升向上，在零轴附近再次上穿 DEA 形成的突破形态，如图 4-30 所示。

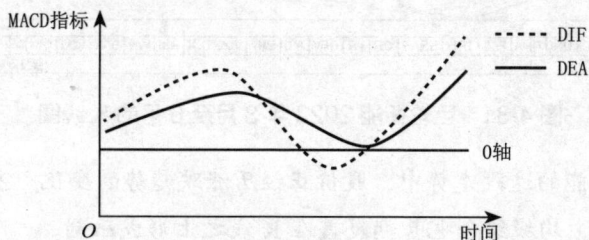

图 4-30　漫步青云示意图

从图 4-30 中可以看到，漫步青云的研判关键在于其中的中位金叉，在形成中位金叉之前，DIF 需要先跌穿零轴，随后再回升向上于零轴附近突破 DEA，这样形态才算标准。

至于 DEA 是否要跌破零轴，形态并未有过多要求，因此，投资者重点关注 DIF 对零轴的穿越和金叉的位置即可。

漫步青云释放出的信号也很明确，即股价回调后止跌企稳，后续即将进入新一波拉升，短线投资者可以趁机在中位金叉处买进或加仓。

下面来看一个具体的案例。

实例分析

巨轮智能（002031）漫步青云应用

图 4-31 为巨轮智能 2023 年 3 月至 6 月的 K 线图。

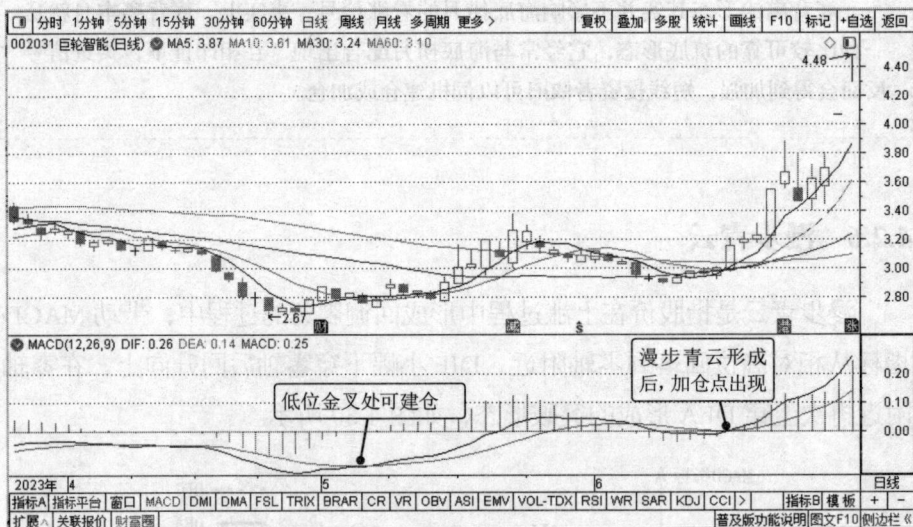

图 4-31　巨轮智能 2023 年 3 月至 6 月的 K 线图

在巨轮智能的这段走势中，股价正经历涨跌趋势的变化。2023 年 4 月，价格跌势沉重，均线组合也长期覆盖在 K 线之上形成压制。

到了 4 月下旬，该股更是大幅收阴加速下跌，一路来到了 2.80 元价位线以下，导致 MACD 指标进一步深入空头市场之中。在此期间，短线投资者是不能轻易介入的。

不过就在该股跌破 2.80 元价位线后不久，在创出 2.67 元的新低后止跌企稳，横盘几日后形成了收阳回升的走势。受此影响，MACD 指标中的 DIF 拐头向上，于 5 月上旬突破 DEA 形成了一个低位金叉。再加上股价已经回升到了 2.80 元价位线以上，未来是有可能继续上涨的，激进型的短线投资者已经可以在此轻仓试探了。

到了 5 月中旬时，K 线开始大幅连续收阳，成功向上突破了中长期均线。后续股价虽然没有继续上冲，但这波积极的走势已经成功带动 MACD 指标线突破到零轴以上。5 月下旬，该股在 3.40 元价位线下方受阻后回落，不久后 MACD 指标在相对高位形成死叉后下行。不过股价的跌幅并不大，30 日均线提供了一定的支撑，该股很快就止跌回升了。

此时，DIF 已经小幅运行到了零轴之下，但 DEA 还没来得及跌破，两条指标线就被再度上扬的股价带动向上，于零轴附近形成了一个中位金叉。

到了现在，漫步青云的形态已经十分清晰了，并且此处的中位金叉也能算得上一个二次金叉，前期已经入场的短线投资者可以继续加仓，没有建过仓的投资者也可以试着买进，抓住后续涨幅。

4.2.7　空中缆绳

空中缆绳是一种相对特殊的突破形态，MACD 指标线需要先在零轴之下形成一个低位金叉，随后突破到零轴以上，在股价走平或震荡的影响下互相靠近，形成一段线形重合，最后重归上涨，如图 4-32 所示。

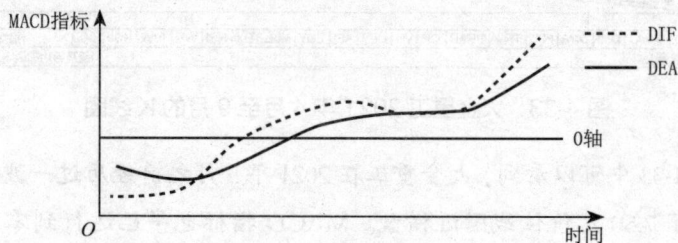

图 4-32　空中缆绳示意图

从空中缆绳的形态就可以看出，股价应当是从低位回升后形成了一段时间的回调或横盘，幅度不会太大，至少不会导致 DIF 彻底跌破 DEA，时间也不会太长，否则 DIF 与 DEA 的线形重叠不会一直维持。待到回调或横盘结束后，股价会进入下一波上涨。

据此分析，短线投资者可在其中寻找到几处明显的买点，一是低位金叉形成的位置，也就是股价从低位回升的位置；二是"缆绳"出现的位置，即股价回调或横盘的低点。投资者可在第一个点处建仓，在第二个点处加仓，以增加获益筹码。

下面来看一个具体的案例。

实例分析

大金重工（002487）空中缆绳应用

图 4-33 为大金重工 2021 年 4 月至 9 月的 K 线图。

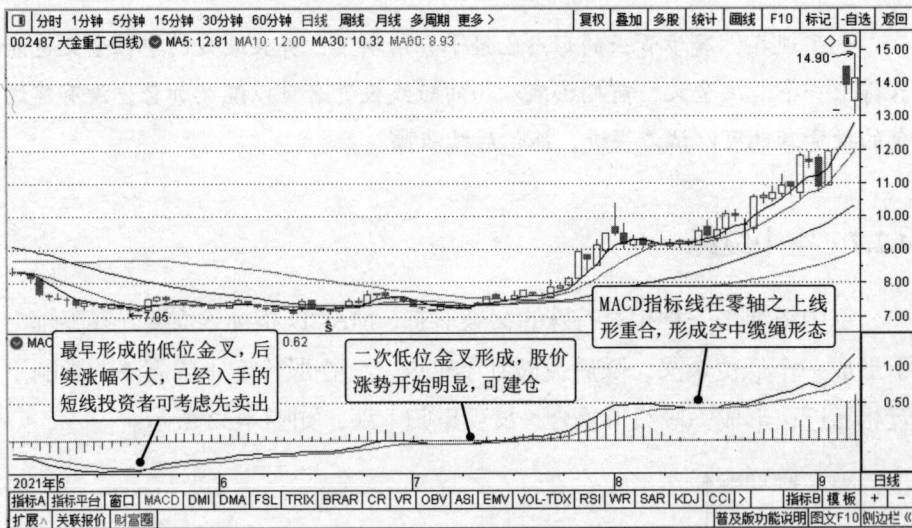

图 4-33　大金重工 2021 年 4 月至 9 月的 K 线图

从图 4-33 中可以看到，大金重工在 2021 年 5 月之前经历过一波下跌后，已经来到了 7.50 元价位线附近横盘。MACD 指标也早已运行到零轴之下，并随着股价的横盘而减缓了下跌走势。

5 月中下旬，K 线有了一次小幅的收阳，但仅仅持续了两个交易日，整体依旧是被压制在 7.50 元价位线附近的。但 MACD 指标却接收到了这一信息，DIF 拐头向上突破了 DEA，形成一个低位金叉。

原本低位金叉是一个比较明确的看涨信号，但前提是股价已经有止跌回升的迹象。从大金重工这段时间的表现来看，行情似乎并没有要变盘的意思，那么短线投资者就可以暂缓买入，先观望一段时间。如果有些投资者希望低位吸纳，也可以适当尝试。

在后续的一个多月时间内，MACD 指标线一直在保持上扬，但股价走势依旧平缓。这其实也是一种背离，MACD 指标的表现说明股价还是有一定的上涨潜力，由于横盘时间太长，还是建议已经入场但迟迟无法盈利的短线投资者卖出观望。

进入 7 月后，MACD 指标线已经十分靠近零轴了，却因为股价一次小幅的震荡而有所回落，DIF 小幅跌破 DEA。一段时间后，股价止跌开始回升，相较于前期有了明显的上涨迹象，使得 DIF 突破 DEA 形成低位金叉后很快穿越零轴，进入了多头市场之中，建仓时机来临。

从后续的走势可以看到，该股涨速越来越快，待到其突破 8.00 元的压力线后，更是急速拉升上冲，直至小幅突破 10.00 元价位线才止涨回调。

此时的 MACD 指标已经被带到了相对高位，并随着股价的回调而有所走平。当股价落到 9.00 元价位线上横盘时，两条 MACD 指标线也形成了线形重合，构筑出了空中缆绳的雏形，加仓时机也开始明确了。

不过由于 DIF 和 DEA 还未发散向上，空中缆绳形态并未彻底成立。待到数日后，股价彻底突破 10.00 元的压力线时，DIF 才再次向上远离 DEA，宣告了形态的有效，短线投资者还可以继续追涨。

4.2.8　拒绝死叉

拒绝死叉是指 DIF 欲下探跌破 DEA，但在刚接触到或还没来得及接触到 DEA 时，便被重新上涨的股价带动向上远离 DEA 的形态，如图 4-34 所示。

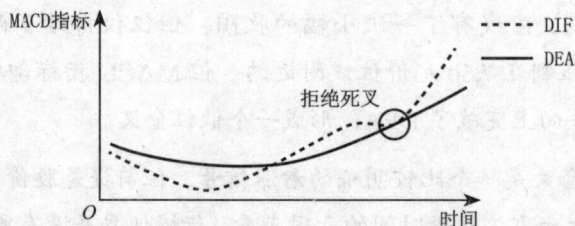

图 4-34　拒绝死叉示意图

很显然，拒绝死叉是股价在持续上涨过程中小幅震荡造成的，由于震荡幅度太小，都没能让 DIF 与 DEA 产生线形重合，因此，这是一种比空中缆绳更加强势的看涨信号。短线投资者在遇到这种形态时，可以在拒绝死叉处加仓，抓住后续的拉涨，但一定要注意分辨拒绝死叉与真正的死叉，不要高位追涨被套。

下面来看一个具体的案例。

实例分析

宁科生物（600165）拒绝死叉应用

图 4-35 为宁科生物 2021 年 7 月至 10 月的 K 线图。

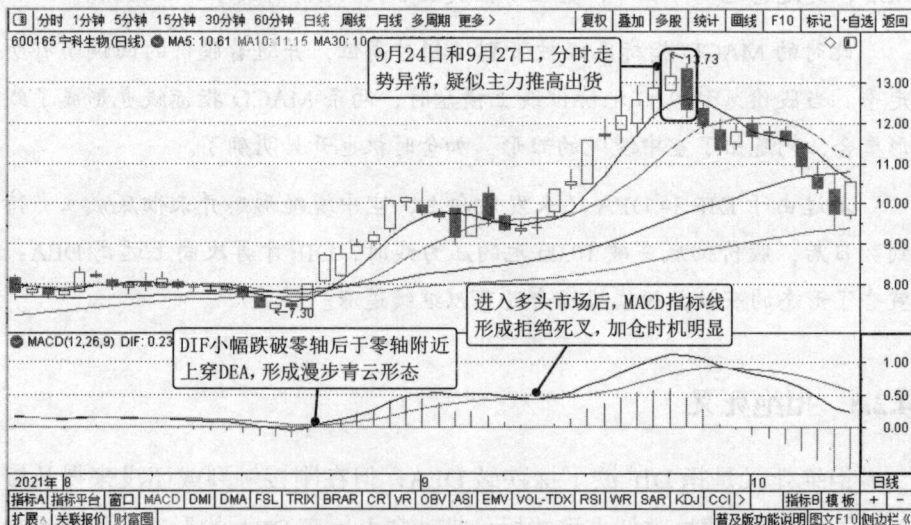

图 4-35　宁科生物 2021 年 7 月至 10 月的 K 线图

在宁科生物的这段走势中，股价长期处于上涨趋势之中。但在 2021 年 8 月中旬之前，该股的走势还并未形成明显的趋势性，只是在中长期均线的支撑下横盘运行，使得 MACD 指标也长期走平。

8 月中旬，股价突然向下跌破中长期均线，虽然数日后就止跌企稳了，但依旧使得 DIF 小幅回落到零轴之下。待到股价回归上涨后，DIF 才拐头向上，并于零轴附近突破 DEA，形成中位金叉的同时，也形成了漫步青云的形态，传递出明确的看涨信号。此时，短线投资者就可以试探着建仓了。

从后续的走势可以看到，该股在此之后就持续收阳上冲，第一波拉升就将价格带到了 10.00 元价位线上方。随后，股价在该价位线上受阻回调，形成横盘整理，使得 MACD 指标线逐步走平并靠近。

9 月上旬，DIF 已经接触到了 DEA，正要将其跌破时，K 线突然开始收阳上涨，还在短时间内成功突破了前期压力线。DIF 在其带动下迅速回升，与 DEA 形成了一个高位拒绝死叉，加仓信号变得明显起来。

股价此后的上涨变得顺畅许多，但在其小幅跃过 13.00 元价位线后，依旧出现了一定的滞涨和回调，投资者若进入涨跌变化的两个交易日中观察其分时走势，就会发现异常，具体内容如图 4-36 所示。

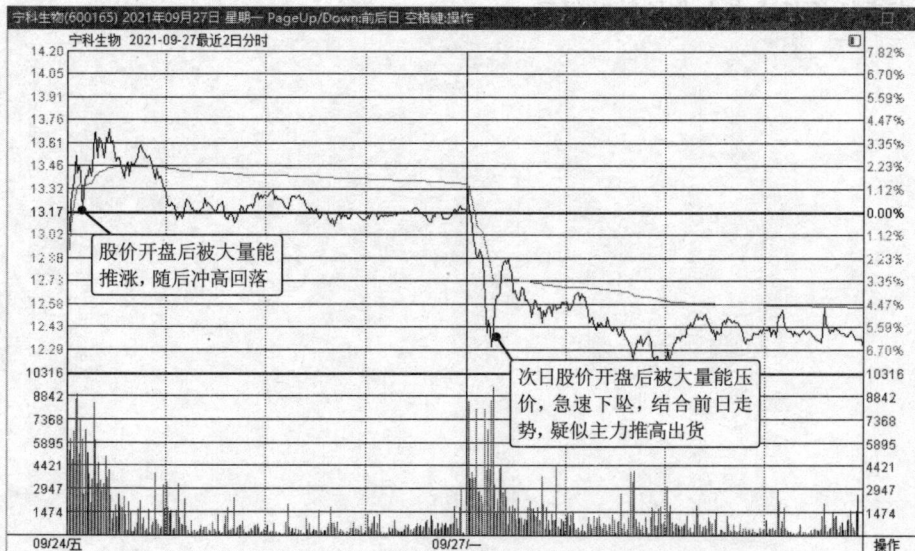

图 4-36　宁科生物 2021 年 9 月 24 日和 9 月 27 日的分时图

9月24日和9月27日正是股价上涨至高位后发生涨跌转换的两个交易日，当时的MACD指标还只是走平，并未形成明显的死叉或拒绝死叉形态。投资者若想提前分辨出股价是回调还是反转，就要进入分时走势中仔细分析。

先来看9月24日的分时走势，当日开盘后，股价就受到大量能的推动而快速上冲，但在数十分钟后又冲高回落，回落的同时依旧有大量能放出，疑似有大资金在推高出货。

再来看9月27日，股价当日开盘后却出现了与前日截然不同的走势，大量能依旧存在，但价格却被急速压低，可能是盘中有大量筹码释出，导致价格一降再降。

这两个交易日开盘后半个小时内的走势都比较异常，两相结合来看，主力推高出货的可能性就比较高了，那么9月27日的大量能压价走势就可能开启了下跌趋势。因此，谨慎型的短线投资者还是有必要先行在MACD指标线转向之前卖出，保住前期收益。

从K线图后续的走势也可以看到，该股在此之后确实出现了持续的下跌，MACD指标也形成了一个真正的高位死叉，卖出信号更加明确，没有离场的投资者也要抓紧时间了。

第 5 章

分时走势突破可短线补仓

　　利用突破技术在分时走势中进行短线补仓，也是短线投资者需要特别掌握的知识，毕竟K线图中无法直接交易，投资者还是需要进入分时走势中判断买点。本章就针对分时图中可能出现的一系列突破形态进行深入讲解。

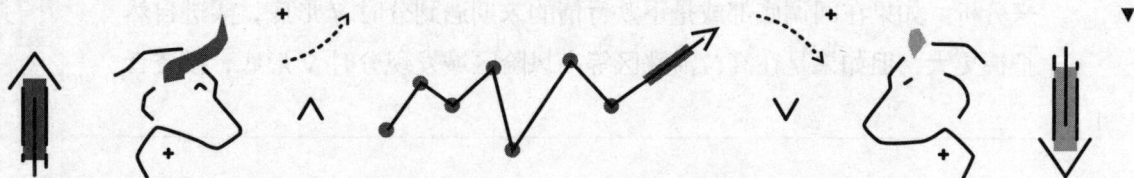

5.1 股价线的特殊突破形态

股价线的特殊突破形态与 K 线图中的一些筑底形态十分类似，但构筑时间要短很多，不过对于短线投资者却没有什么影响。只要投资者在 K 线图中找好了合适的买进时机，又在分时走势中发现了特殊突破形态，就可以趁机加仓买进。

5.1.1 止跌回升 V 形底

通过对 K 线图中筑底形态的学习后，相信投资者已经对 V 形底的形态比较熟悉了。分时图中的 V 形底虽然有所不同，但差距也很细微，具体形态如图 5-1 所示。

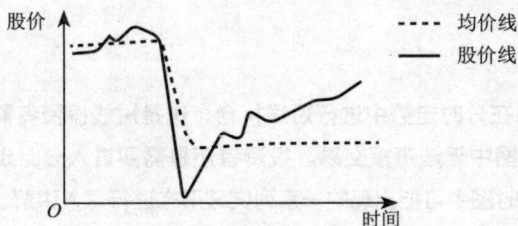

图 5-1 分时 V 形底示意图

从图 5-1 中可以看到，分时 V 形底在形成时，股价线下探的幅度可能会非常大，这就导致原本应该作为颈线的价位线距离形态底部较远。如果投资者要等到股价回升突破颈线才买进，可能就达不到低位吸纳的目的了，而且很多时候股价直到收盘都没能突破颈线。

因此，很多短线投资者在发现股价回升突破均价线的时候就可以买进了，有些激进的投资者甚至在股价止跌回升的位置就会建仓，待到股价实现突破时再加仓。

需要注意的是，短线投资者在借助分时 V 形底买进时最好结合 K 线图来分析。如果在回调底部或是下跌行情的末期遇到分时 V 形底，买进自然把握更大，但如果是在高位滞涨区等高风险区域发现分时 V 形底，投资者就要考虑是否再观察几个交易日了。

下面来看一个具体的案例。

实例分析

中国巨石（600176）V 形底分时加仓

图 5-2 为中国巨石 2020 年 10 月至 2021 年 1 月的 K 线图。

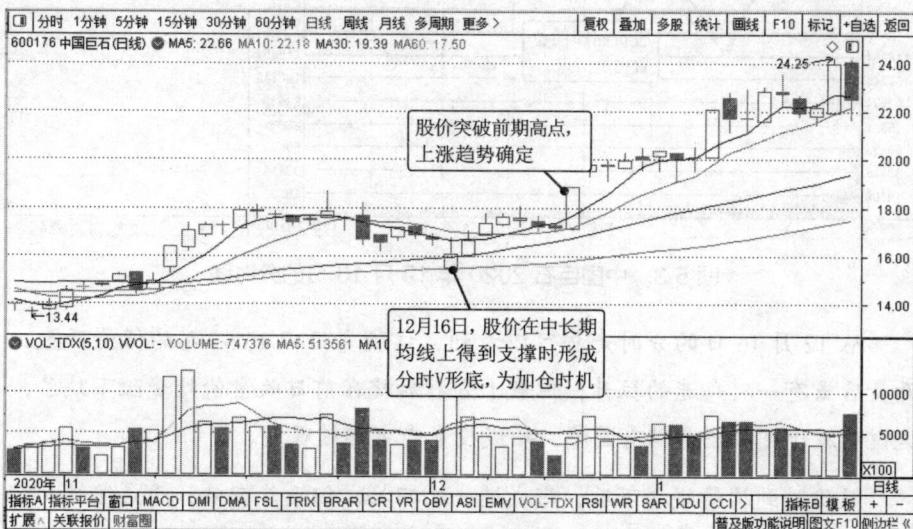

图 5-2　中国巨石 2020 年 10 月至 2021 年 1 月的 K 线图

从图 5-2 中可以看到，中国巨石长期处于上涨行情之中，中长期均线提供了充足的支撑。2020 年 11 月中旬，股价上涨至 18.00 元价位线附近后滞涨了一段时间，随后回调整理。

经历数日的下跌后，股价于 12 月 16 日向下跳空开盘，底部已经接触到了 60 日均线。根据上涨行情中中长期均线对 K 线的支撑规律，该股很有可能在此止跌回升，那么短线投资者就可以进入当日的分时图中，寻找合适的买进时机。

图 5-3 为中国巨石 2020 年 12 月 16 日的分时图。

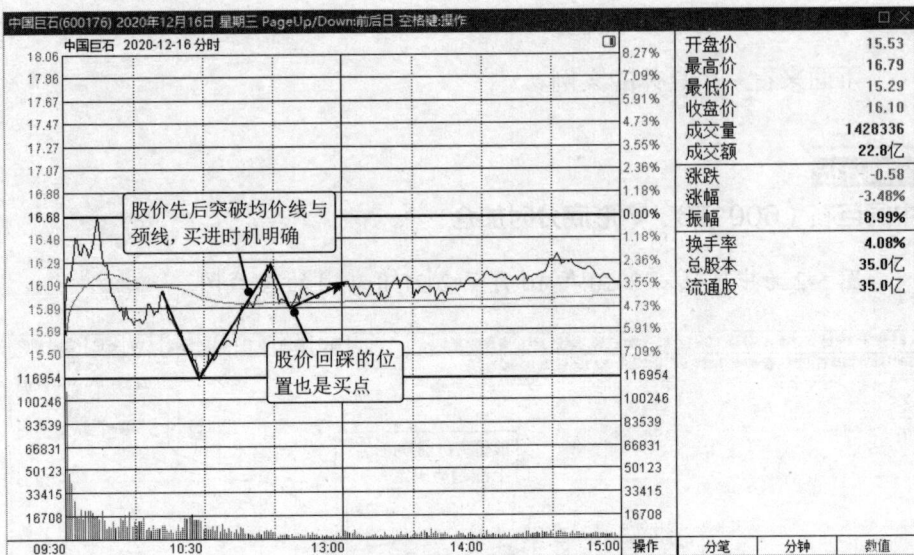

图 5-3　中国巨石 2020 年 12 月 16 日的分时图

从 12 月 16 日的分时走势可以看到，该股当日以 15.53 元的低价开盘，开盘后虽有一次急速的拉升，但数十分钟后就在前日收盘价处受阻下跌了，这说明股价突破还是稍有困难，短线投资者可继续观望。

股价跌到均价线之下后，形成过一次回抽，但没能突破，于是继续向下滑落，一路跌到了最低 15.29 元的位置。在到达低位后，股价并未停留，而是立即拐头向上，形成了一个尖锐的转折，V 形底形态的雏形初显，前期股价回抽失败后下跌的位置就是它的颈线。

数十分钟后，股价成功向上突破了均价线，又在几分钟后，V 形底的颈线也被突破了。如此快速的突破虽然有形态颈线不高的原因，但股价迅猛的涨速也占了很大部分，再加上 K 线图中股价所处的位置特殊，短线投资者已经可以趁机建仓或加仓买进了。

在此之后，股价还对均价线形成回踩，但始终没有彻底跌破，这些回踩的位置也是很好的买点。随后，股价沿着均价线横向震荡，最终以16.10 元的价格收出一根中阳线。

回到 K 线图中也可以看到，该股在此之后就连续收阳上涨了，在压力线处受阻小幅回调后，最终还是以一根大阳线成功向上突破，确定了后续的上涨走势，短线投资者可继续持股待涨。

5.1.2　反复下探双重底

分时双重底的形态也很简单，就是股价连续两次下探形成的，两个低点需要处于相近的位置，如图 5-4 所示。

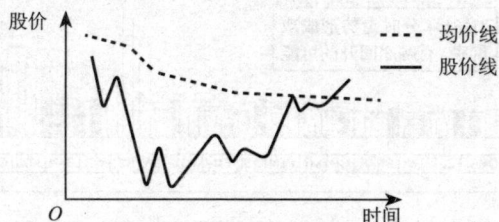

图 5-4　分时双重底示意图

分时双重底也有颈线，即两个波谷之间的高点。一般来说，分时双重底的颈线距离其波谷不会太远，因此，短线投资者还是可以借助股价对均价线的突破形态来确定买点。如果后续股价还能成功突破均价线，那么这一突破位也可以作为加仓点。

同时，投资者也要注意 K 线图中 K 线的位置，不要在高位买进被套，或是判断失误买在了下跌行情的中间。

下面来看一个具体的案例。

实例分析

伊力特（600197）双重底分时加仓

图 5-5 为伊力特 2022 年 1 月至 3 月的 K 线图。

图 5-5 展示的是伊力特的一段比较完整的涨跌趋势转换过程，在 2022 年 1 月，该股还处于持续的下跌之中，K 线大部分时间都被限制在均线组合之下，期间形成的多次反弹都没能将其彻底突破，短线投资者在此期间不可轻易买进。

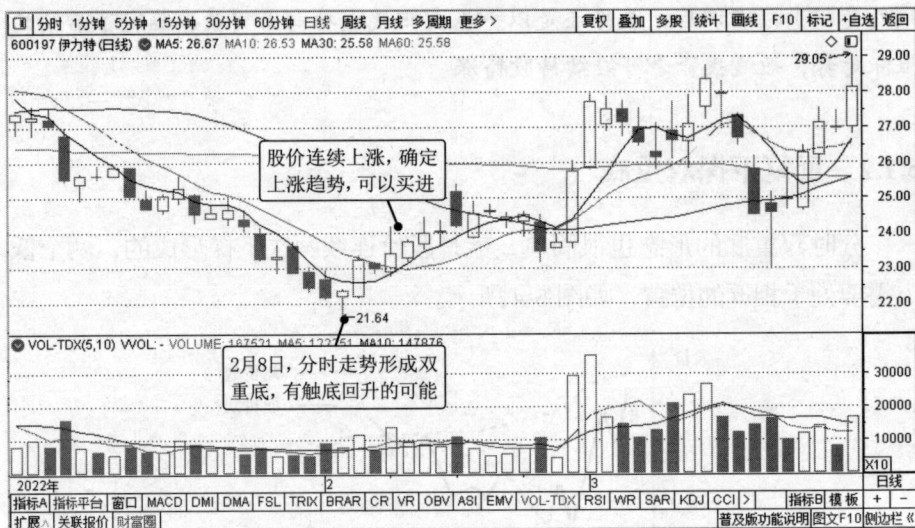

图 5-5　伊力特 2022 年 1 月至 3 月的 K 线图

但进入 2 月后，该股的下跌走势有了一定的变化，尤其是在 2 月 8 日。下面就通过当日的分时走势进行深入解析。

图 5-6 为伊力特 2022 年 2 月 8 日的分时图。

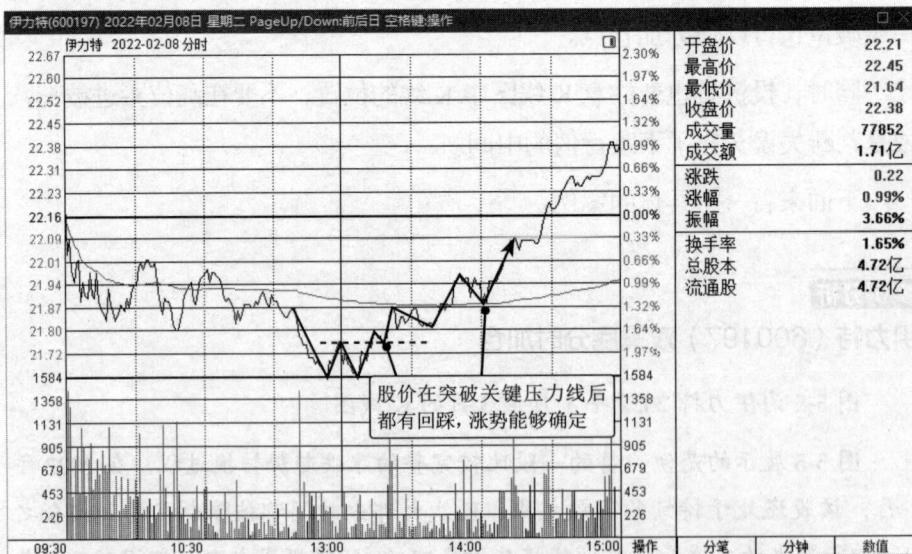

图 5-6　伊力特 2022 年 2 月 8 日的分时图

从 2 月 8 日的分时走势可以看到，该股当日虽以 22.21 元的高价开盘，但在开盘后就出现了震荡式的下跌，期间多次反弹向上都没能彻底将均价线突破，说明上方压力较重，股价突破困难。

而在临近早间收盘时，股价又形成了一次加速下跌，低点落在了 21.64 元上，跌幅更深了。不过后续股价还是有小幅的回升，高点为 21.76 元。

下午时段开盘后，股价继续下跌，但低点依旧落在了 21.64 元上，与前期低点一致，形成了双重底的雏形，其颈线就是 21.76 元价位线。在此之后，股价再次回升向上，几分钟内就成功突破了 21.76 元，并在后续的回踩中得到了支撑，宣告着双重底的成立。

从分时走势来看，此时确实是很好的买进点，但由于 K 线图中股价依旧处于下跌之中，短线投资者无法准确判断出后市是否能够发生转向，因此，谨慎型的投资者还是暂缓买进，激进型的投资者也不能建仓过重。

继续来看后面的走势。13:30 之后，股价成功突破了均价线的压制，并且再次形成回踩不破的走势，更加确定了当日的上涨，短线投资者要加仓也是可以的，不过要注意仓位管理。

待到当日收盘后，K 线收出了一根带有长下影线的小阳线。回到 K 线图中也可以看到，当日之后股价开始连续上涨，K 线频繁收阳上冲，确定了后期的涨势，那么一直处于观望的短线投资者此时也可以迅速买进或加仓了。

5.1.3　小幅震荡头肩底

分时头肩底的构筑时间很短，形态的两肩其实就是 V 形底构筑过程中形成的两次震荡，因此，投资者可以很快分辨出来，如图 5-7 所示。

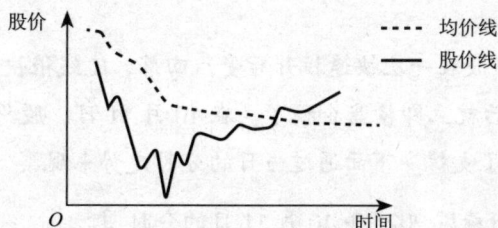

图 5-7　分时头肩底示意图

由此可见，分时头肩底与分时 V 形底的形成位置和信号差别并不大，只是在颈线的突破形态上有所区别。因此，短线投资者还是可以沿用分时 V 形底的策略来应对分时头肩底。

下面来看一个具体的案例。

实例分析

黄河旋风（600172）头肩底分时加仓

图 5-8 为黄河旋风 2021 年 8 月至 11 月的 K 线图。

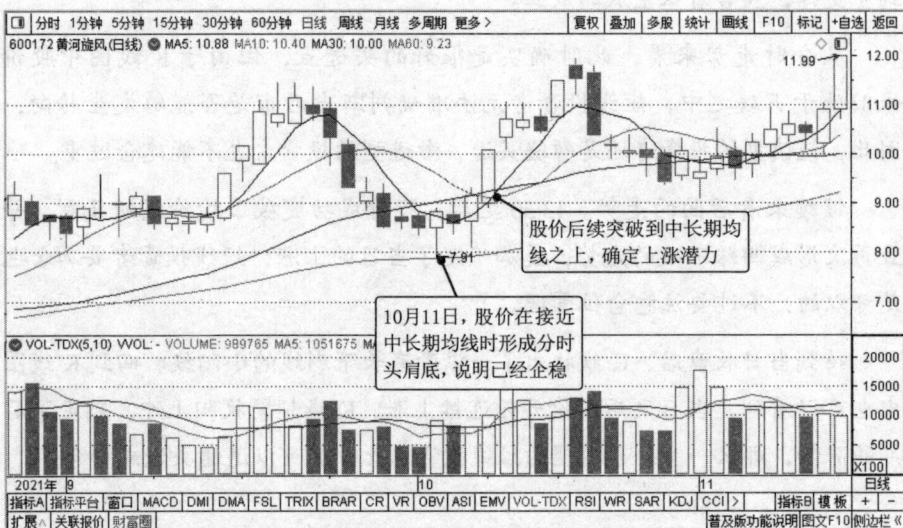

图 5-8　黄河旋风 2021 年 8 月至 11 月的 K 线图

从黄河旋风的这段走势中可以看到，股价是长期处于上升之中的，期间形成的震荡虽然幅度较大，但都没有彻底击穿过均线组合，说明其上涨潜力还是比较高的。

9 月下旬，该股在一次快速拉升后受阻回落，K 线很快收阴跌破了 30 日均线，但在跌破后就立即横盘企稳了。在 10 月 11 日，股价再次下探，但在 60 日均线上得到了支撑。下面通过当日的分时走势来观察。

图 5-9 为黄河旋风 2021 年 10 月 11 日的分时图。

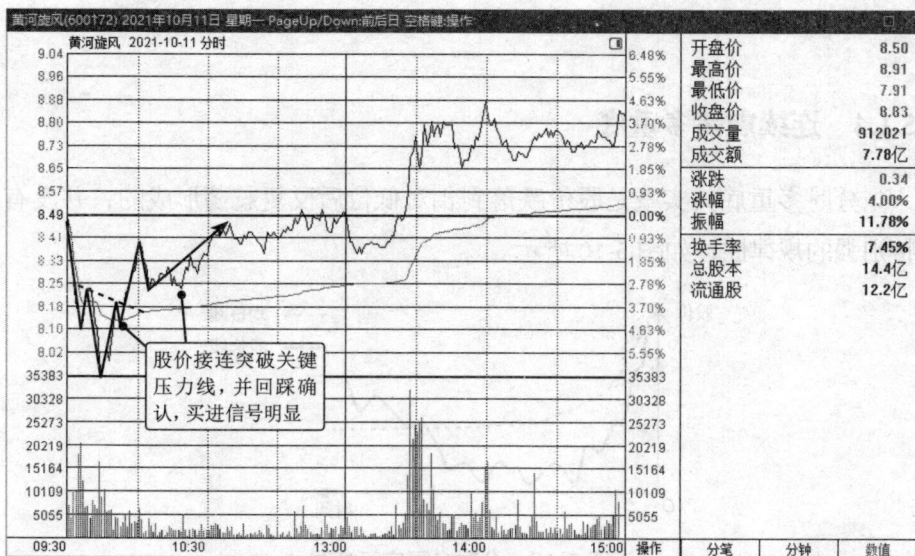

图 5-9 黄河旋风 2021 年 10 月 11 日的分时图

从 10 月 11 日的分时走势可以看到,黄河旋风当日是以 8.50 元的高价开盘的,不过在开盘后就被压制下行,落到 8.10 元价位线附近时止跌并小幅反弹,但也没能成功突破均价线,而是继续下跌了。

几分钟后,股价跌至 7.91 元处才止跌,随后迅速向上转折。在小幅突破均价线后,该股拐头向下,低点落在了第一次反弹的起始位置附近,同时也是均价线上,然后止跌回升,彻底确认了对均价线的突破,同时也完成了分时头肩底的构筑。

可以看到,这个头肩底的构筑非常迅速,半个小时不到形态就成立了。不过对短线投资者却没什么影响,结合 K 线图中股价的表现来看,此处的止跌企稳信号十分清晰,投资者可以在突破位置建仓买进。

而在后续的分时走势中,该股还形成了一次幅度较大的回踩,不过在距离均价线尚远时就得到支撑回升了。而提供支撑的 8.25 元价位线也正是 K 线图中接近股价横盘下边线的位置,进一步证实了该股的上涨潜力还未被发掘完全。因此,发现了这一点的短线投资者还可以在此适当加仓。

在 K 线图中,该股也在数日之后就成功突破到了 30 日均线之上,开启了下一波上涨，短线投资者可继续持股待涨。

5.1.4 连续震荡多重底

分时多重底其实就是股价跌落到相对低位后反复震荡形成的，并没有特别强的规律性，如图 5-10 所示。

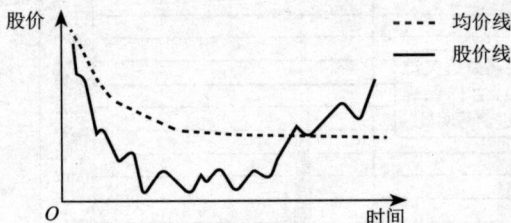

图 5-10　分时多重底示意图

很多时候，分时多重底都没有特别明显的颈线。如果股价的震荡偏向于横盘，那么横盘区间的上边线就可以视作其颈线，待到股价成功突破该压力线，短线投资者就可以尝试买进了。

除了对形态颈线的突破外，股价对均价线的突破也是很重要的买点，并且相较于颈线突破，形态更加可靠。在确定 K 线图中股价走势积极或是有止跌回升可能的前提下，投资者还可以试探着加仓。

下面来看一个具体的案例。

实例分析

中科创达（300496）多重底分时加仓

图 5-11 为中科创达 2021 年 7 月至 11 月的 K 线图。

从图 5-11 中可以看到，该股在 2021 年 8 月的跌势比较迅猛，K 线大部分时间都在收阴下滑，中长期均线也长期覆盖在其上方，形成强力的压制。

直到进入 9 月后，该股才在 115.00 元价位线附近得到支撑，在收出一根带有长下影线的小阳星的次日，也就是 9 月 2 日，股价依旧走低，但盘中却出现了企稳现象，股价有在此位置横盘整理的可能。

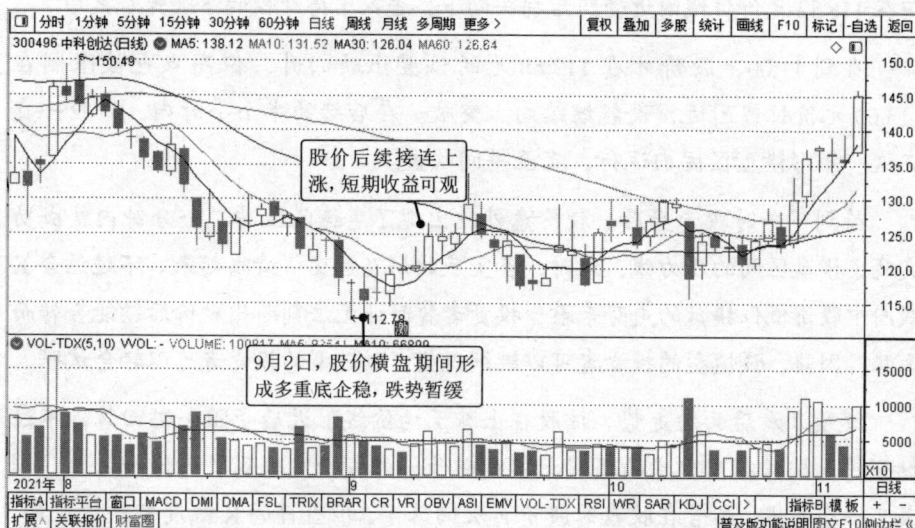

图 5-11　中科创达 2021 年 7 月至 11 月的 K 线图

下面就进入中科创达 9 月 2 日的分时走势中一探究竟。

图 5-12 为中科创达 2021 年 9 月 2 日的分时图。

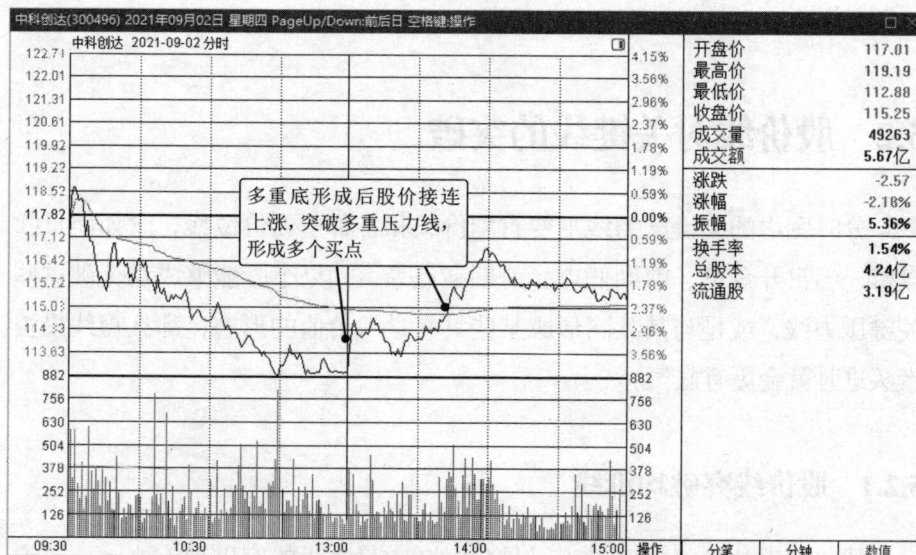

图 5-12　中科创达 2021 年 9 月 2 日的分时图

从 9 月 2 日的分时走势可以看到，该股当日开盘后有过几分钟的快速上冲，但在 118.52 元价位线附近受阻后拐头向下，进入了持续性的下跌走势之中。

直到 11:00，股价才在 112.88 元的位置止跌回升，但高点也被限制在 113.63 元价位线附近，没能继续向上突破。在后续的半个小时内，该股一直在这一矩形横盘区间内运行，直至早间收盘。

待到下午时段开盘后，股价意外地出现了急速的上冲，一分钟内就成功突破了横盘区间的压力线，此时，多重底的形态也变得清晰起来。不过结合 K 线图中股价低位横盘的走势来看，投资者暂时还无法判断出股价后续能否转而上涨，因此，谨慎型的投资者可以继续观望，激进型的投资者可以轻仓试探。

继续来看后面的走势。该股在上涨至均价线附近后受阻小幅回落，不过数分钟后就踩在多重底的颈线上继续回升，并成功突破到了均价线之上，形成又一个买点。尽管在收盘时股价再次回落了，但当日的 K 线没有跌破前期，横盘走势已经形成。

回到 K 线图中可以发现，9 月 2 日之后，该股又横盘了两个交易日才开始上涨，但上涨的幅度却不小，从 115.00 元价位线附近冲到接近 135.00 元的位置只用了一周左右的时间，短线收益可观。

5.2　股价线对关键线的突破

分时图中的关键压力线主要有均价线和各种重要价位线，比如前日收盘价、当日开盘价、前期低点、前期高点等。如果个股能够成功突破这些关键压力线，或是与其共同形成某些具有参考价值的形态，那么短线投资者买进时就会更有底气。

5.2.1　股价线突破均价线

股价线对均价线的突破应当是分时图中最常见的突破形态之一，这说明个股的现价已经超出了当日开盘以来的均价，大部分当日入场的投资者已经开始盈利，如图 5-13 所示。

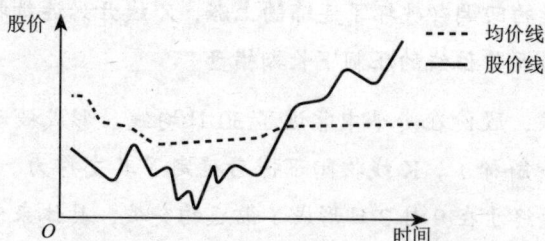

图 5-13　股价线突破均价线示意图

　　虽然这种形态在分时图中很常见，但投资者还是要结合 K 线图中股价的位置来选择是否买进，毕竟高位反转时股价线都有可能对均价线形成突破，若不找好行情位置贸然买进，造成损失的概率会增加。

　　下面来看一个具体的案例。

实例分析

福田汽车（600166）股价线突破均价线的买点

　　图 5-14 为福田汽车 2021 年 7 月至 9 月的 K 线图。

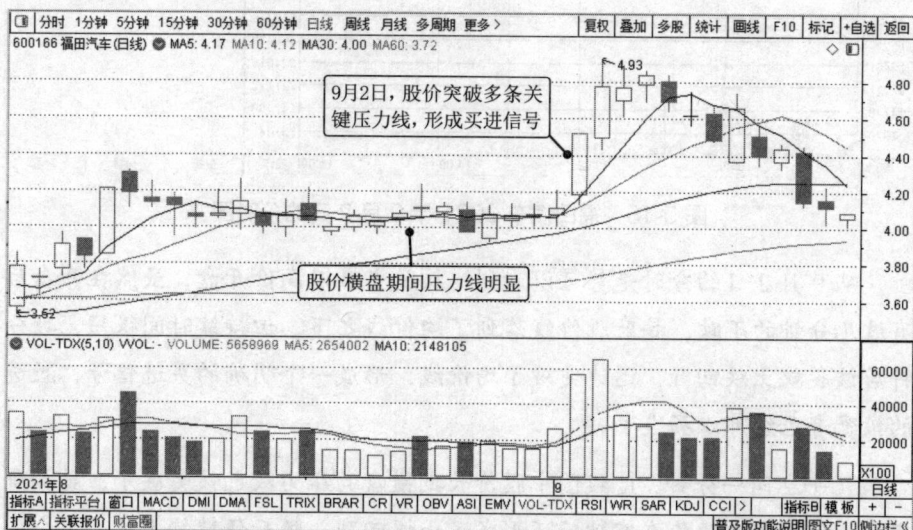

图 5-14　福田汽车 2021 年 7 月至 9 月的 K 线图

在福田汽车的这段走势中，上涨趋势是十分明显的，不过股价在8月上旬时受阻形成的回调却破坏了连绵的上涨，K线开始连续收出小阴线或小阳线，并在4.20元价位线的压制下长期横盘。

到了8月底，股价在走平中靠近了30日均线，形成被动修复（具体会在后面小栏目中解释），K线收阳下探后确定了其支撑力。随着30日均线愈发靠近，该股终于在9月2日形成了彻底的突破，具体来看当日的分时走势图。

图5-15为福田汽车2021年9月2日的分时图。

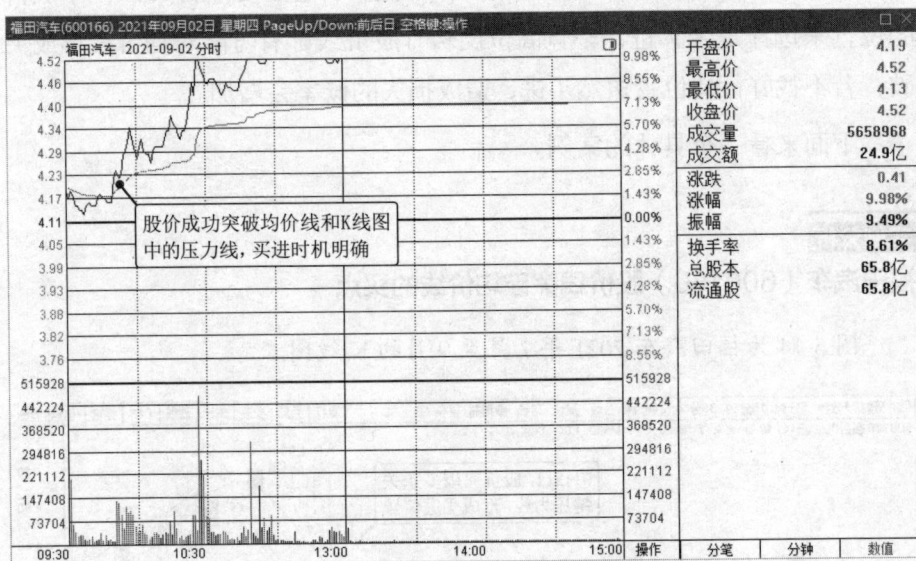

图5-15　福田汽车2021年9月2日的分时图

从9月2日的分时走势可以看到，该股当日以高价开盘，虽然在开盘后有过几分钟的下跌，导致股价线落到了均价线之下，但持续时间很短，数分钟后该股就止跌回升，迅速突破了均价线，形成一个明确的买进信号，激进的投资者已经可以买进了。

几乎在同一分钟，K线图中股价长期横盘的压力线也被突破了，更加确定了上涨走势。股价在突破后还形成了小幅回踩，随后便持续上扬，半个小时后就达到了涨停。

在震荡一段时间后，该股于下午时段彻底封板，当日收出一根大阳线，明显突破多条关键压力线。反应快的短线投资者应当在股价涨停之前就买进，若有些投资者没能赶上，也能在后续的时间内尽快追涨。

拓展知识　*均线的修复是什么*

均线的修复是该指标的特有性质，指的是 K 线与均线之间的乖离值过大时互相靠拢的走势，待到修复结束，股价就可能变盘。它主要分为两类：一是主动修复，二是被动修复。

其中，主动修复是指股价大幅涨跌后过度远离均线，于是通过主动下跌或上涨的方式向着均线靠近，如图 5-16（左）所示。被动修复是指 K 线与均线的乖离值拉大后，K 线形成横盘，被动等待均线靠近的形态，上一个案例中展示的就是被动修复，如图 5-16（右）所示。

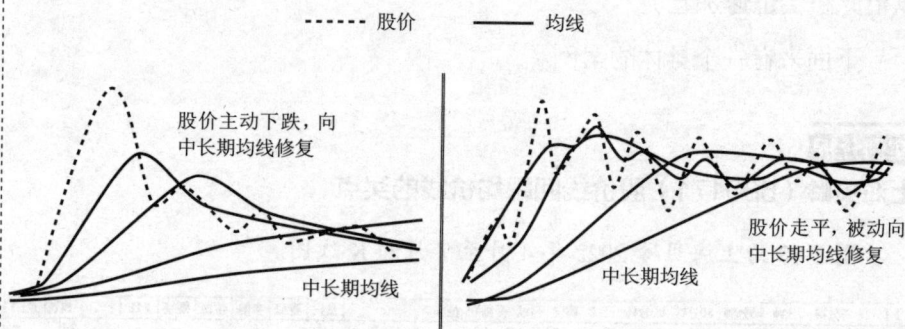

图 5-16　均线修复示意图

均线的修复形态是很有效的短线操作分析对象，它能够帮助投资者更好地确定变盘点和买卖点，感兴趣的投资者可深入研究，这里不再赘述。

5.2.2　股价线回踩均价线

股价对均价线的回踩不仅是确定突破形态有效的关键一步，有时候也能够根据回踩位与均价线之间的距离看出个股未来的上涨空间，位置越高的回踩，股价对应的涨势可能也越迅猛，尤其是在股价开盘后就长期处于均价线之上，二者没有形成突破形态的机会时，短线投资者更要注重这种回踩走势，毕竟这是寻找相对低位买点的有效手段，股价线回踩均价线示意如图 5-17 所示。

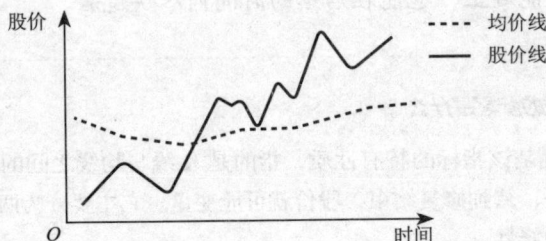

图 5-17　股价线回踩均价线示意图

如果股价在回踩均价线的同时形成了横盘震荡走势，那么未来向上回升的同时还能形成对支撑线的突破，这也是一种看涨信号，短线投资者可以借此机会迅速加仓。

下面来看一个具体的案例。

实例分析
上海贝岭（600171）股价线回踩均价线的买点

图 5-18 为上海贝岭 2022 年 4 月至 7 月的 K 线图。

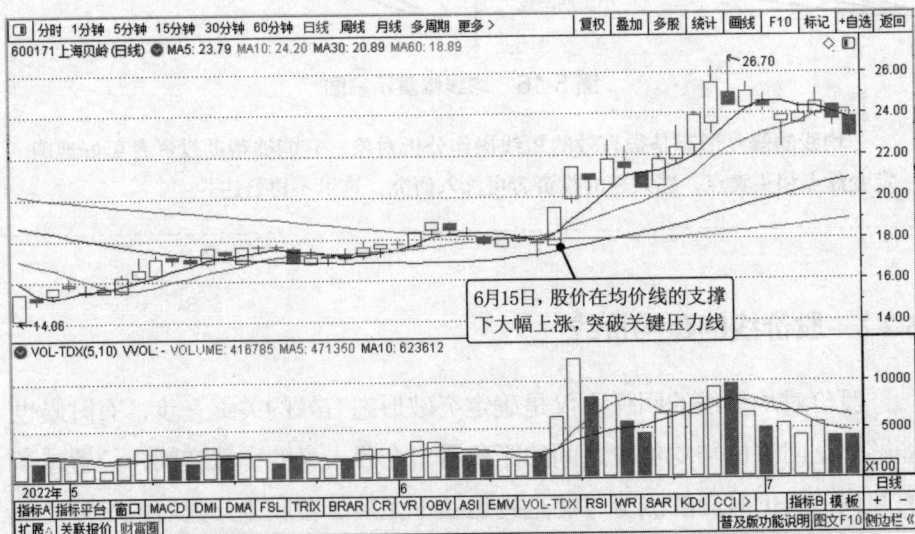

6月15日，股价在均价线的支撑下大幅上涨，突破关键压力线

图 5-18　上海贝岭 2022 年 4 月至 7 月的 K 线图

在上海贝岭的这段走势中,中长期均线在 2022 年 5 月还没来得及转向,就连短期均线也是在 5 月初才拐头向上形成金叉上行的。

5 月中旬,股价上涨至 18.00 元价位线附近后受阻,形成了长期的滞涨。在 5 月底股价虽有小幅上涨,但也只在 6 月初突破了两个交易日,随后就回落到该价位线上继续横盘,这说明上方压力较重。

随着中长期均线的靠近,股价的变盘也即将来临。到了 6 月 15 日,该股终于出现了突破迹象,下面就通过当日的分时走势来进一步分析。

图 5-19 为上海贝岭 2022 年 6 月 15 日的分时图。

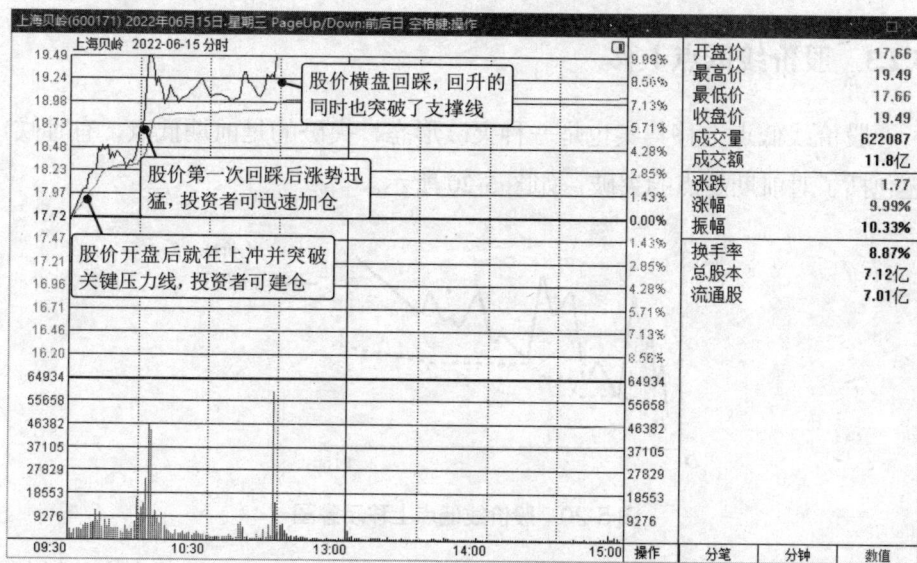

图 5-19　上海贝岭 2022 年 6 月 15 日的分时图

从上海贝岭 6 月 15 日的分时走势中可以看到,该股当日是以稍低于前日收盘价的价格开盘的,不过在开盘后就形成了持续的上涨。股价迅速来到了均价线之上,几乎没有形成突破形态,不过看涨信号还是很明确的,短线投资者可以在开盘后就迅速跟进建仓。

几分钟后,K 线图中的关键压力线,即 18.00 元价位线也成功被突破了。该股随后形成了一次回踩,刚好踩在均价线和 18.00 元价位线之上,确认下方支撑力后继续上涨,说明突破有效,无论是分时图还是 K 线图中,股价都可能即将进入新一波拉升之中，短线投资者可以试着加仓。

此次回踩后，股价果然形成了急速的拉升，短短数分钟内就冲上了涨停板，不过没有封板，而是回落到均价线上方不远处横盘震荡。临近11:00时，股价再次上涨，成功突破了支撑线，并彻底封上了涨停板，直至收盘，当日收出一根光头光脚的涨停大阳线。

在K线图中，这根大阳线不仅突破了18.00元的横盘压力线，也突破到了整个均线组合之上。它意味着行情即将回归强势上涨，买进信号十分强烈，短线投资者在后续的交易日中还可以继续加仓。

5.2.3　股价线低点上移

股价线低点上移其实也是一种突破形态，突破的是前期低点，有时候还包括了对前期高点的突破，如图5-20所示。

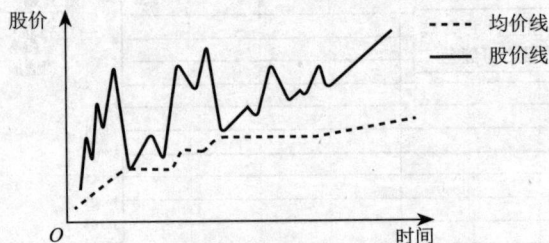

图 5-20　股价线低点上移示意图

股价低点的持续上移，意味着市场在不断推涨，并且推涨力度能够长期延续。只要这种走势不被打断，个股当日的上涨空间就会非常大，有时候甚至能够达到涨停。

而个股低点上移的幅度越大，速度越快，当日到达涨停的可能性就越高，短线投资者能够获得的利益也越大，但前提是建仓和加仓要果断，K线图中个股所处的位置也要选好。

下面来看一个具体的案例。

实例分析

光电股份（600184）股价线低点上移的买点

图 5-21 为光电股份 2021 年 10 月至 12 月的 K 线图。

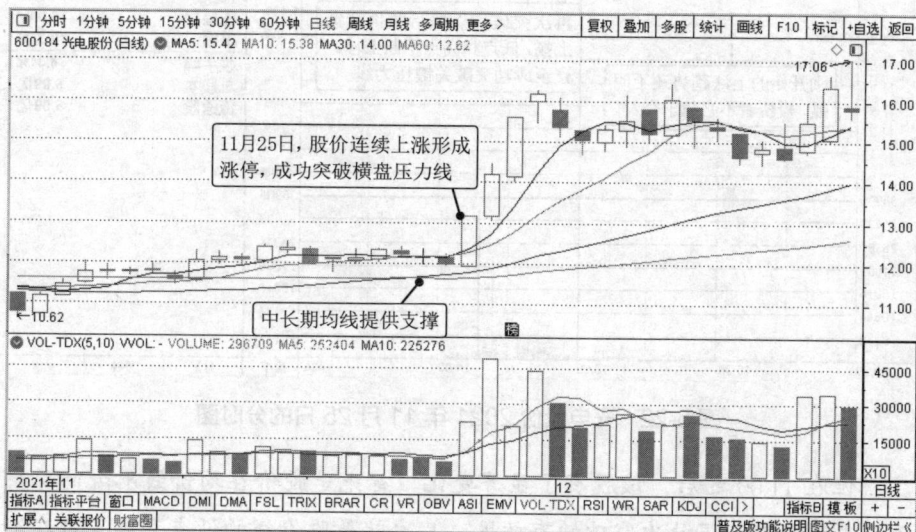

图 5-21　光电股份 2021 年 10 月至 12 月的 K 线图

从图 5-21 中可以看到，光电股份在 2021 年 11 月中旬上涨至 12.50 元价位线附近后受阻，形成了一段时间的横盘。不过由于中长期均线的支撑力比较充足，股价尚未出现下跌迹象。

K 线就这样长期小幅震荡，被动等待着中长期均线的靠近。到了 11 月下旬，30 日均线已经快要接触到 K 线了，11 月 25 日，股价的走势终于有了大幅变动，下面通过当日的分时走势来了解。

图 5-22 为光电股份 2021 年 11 月 25 日的分时图。

从 11 月 25 日的分时走势可以看到，该股在开盘后形成了小幅的上涨，跃过前日收盘价后在均价线处受阻，随后开始围绕均价线反复震荡。

直到 11:00 之前，股价都在均价线附近维持着极小幅度的震荡，整体来看与前期数日的横盘走势并无不同，买点也不明确，此时短线投资者不要着急介入，以免判断失误。

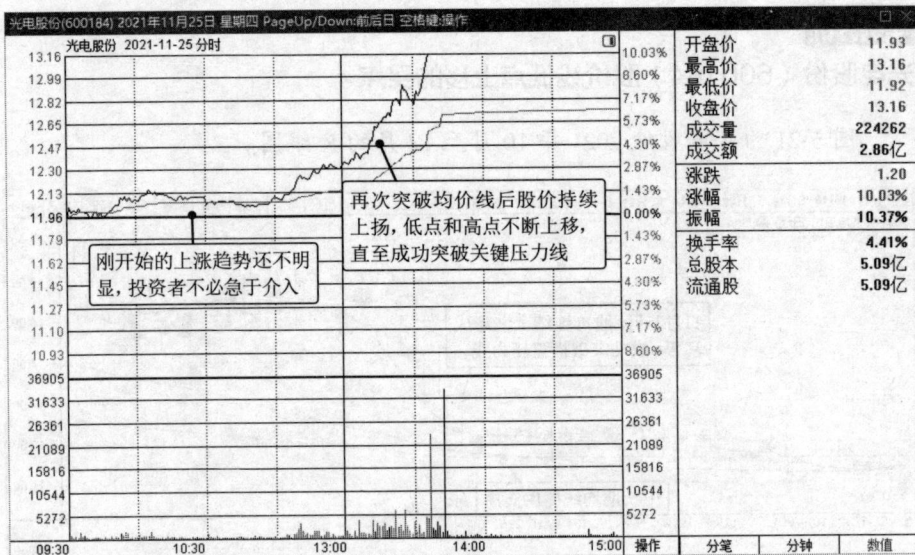

图 5-22 光电股份 2021 年 11 月 25 日的分时图

但在 11:00 之后，该股有了显著变化。首先是股价在均价线附近回踩得到了支撑，确认了此次突破的有效性，其次就是股价线的低点和高点都在渐次上移，整体形成了波浪形的上涨，稳定性较强。

突破形态和低点上移的走势先后形成，传递出了明确的看涨信号，投资者可择机迅速建仓。再加上股价不久之后就成功突破了 12.50 元的横盘压力线，未来走势向好的概率就更大了，短线投资者可以在后续伺机加仓。

5.2.4 股价线突破关键价格

上一节中已经介绍了股价线对前期低点和前期高点的突破形态，除此之外，还有两个关键价格线是投资者需要注意的，那就是前日收盘价和当日开盘价，个股对这两条价位线的突破形态也具有很高的参考价值，具体如图 5-23 所示。

熟悉股市的投资者应当都知道，新的交易日开盘时，前日收盘价是衡量个股当日开盘价是否积极的重要指标，也是后续为股价运行提供压力和支撑的关键价位线。当股价低开后向上运行并接连突破两条压力线，当日的积极走势就能得到一定的保证，至少短时间内的涨势能够确定。

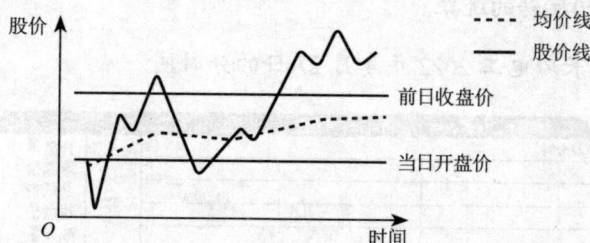

图 5-23　股价线突破关键价格示意图

当然，如果股价高开后持续上行，可能就不会形成对这两个价格的突破，但还是会有对前期高点和低点的突破，短线投资者亦不可错失良机。

下面来看一个具体的案例。

实例分析

长城电工（600192）股价线突破关键价格的买点

图 5-24 为长城电工 2022 年 3 月至 6 月的 K 线图。

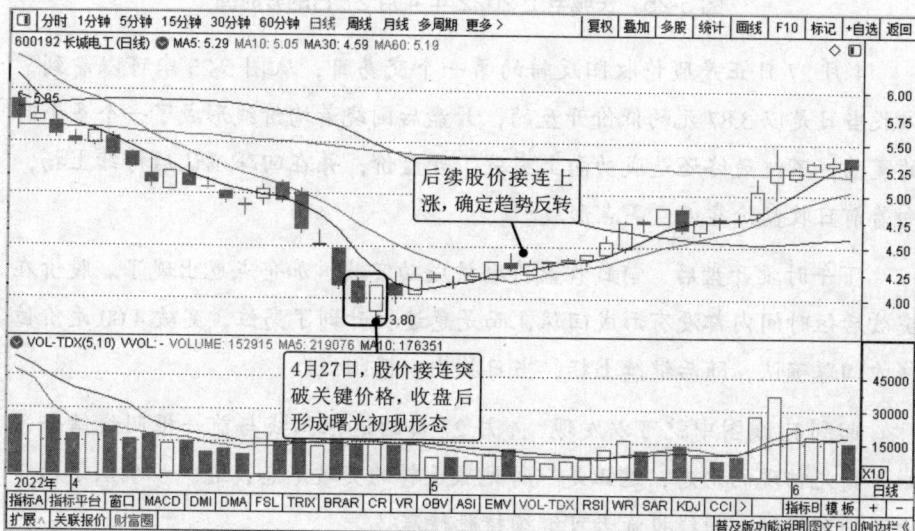

图 5-24　长城电工 2022 年 3 月至 6 月的 K 线图

从长城电工的这段走势中可以看到，该股正处于涨跌反转的过程中。

2022 年 4 月，股价跌势较为迅猛，直到 4 月底该股落到 4.00 元价位线附近时，K 线才有了收阳反转的迹象。

图 5-25 为长城电工 2022 年 4 月 27 日的分时图。

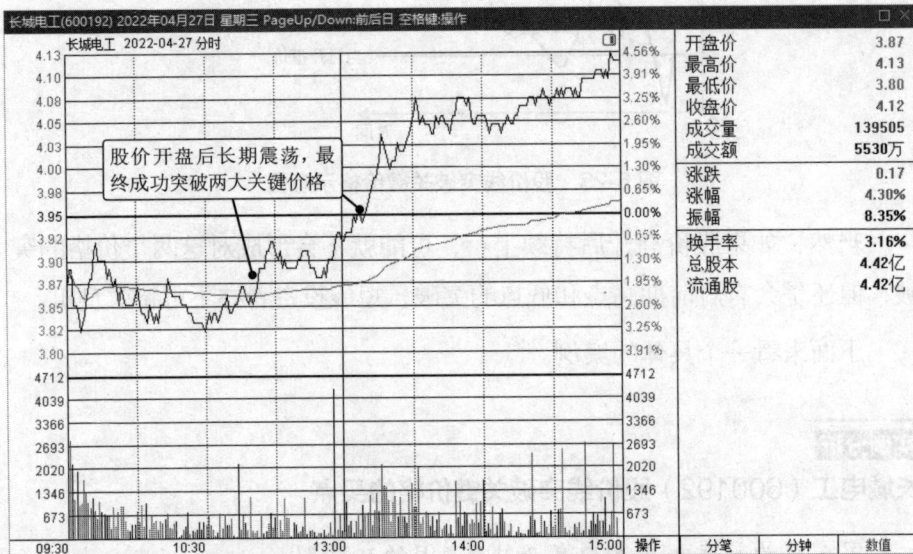

图 5-25　长城电工 2022 年 4 月 27 日的分时图

4 月 27 日正是股价收阳反转的第一个交易日，从图 5-25 中可以看到，该股当日是以 3.87 元的低价开盘的，开盘后围绕着均价线形成了一个多小时的震荡，不过最终还是成功向上突破了开盘价，并在回踩确认后持续上扬，向着前日收盘价靠近，买点形成。

下午时段开盘后，前日收盘价也被成功突破，加仓点也出现了。股价在突破后短时间内都没有形成回踩，而是急速拉升到了高位，突破 4.00 元价位线才回踩确认，随后继续上扬，当日收出一根阳线。

回到 K 线图中就可以发现，4 月 27 日的这根阳线与前一根阴线结合形成了曙光初现的形态，这正是一种见底反转的突破形态，进一步确认了后市上涨的可能性，短线投资者可继续持股待涨。

第 6 章

突破技术融合的短线实战

　　无论是K线图中的突破技术、分时图中的突破技术，还是各类技术指标的突破技术，都需要在实战中融合分析才能发挥出更大的作用。毕竟技术分析是一个多方面观察研判的过程，单靠某一种指标或工具进行决策，成功率不会太高。本章就将选取两只股票，向投资者展示实战中的突破技术融合应用。

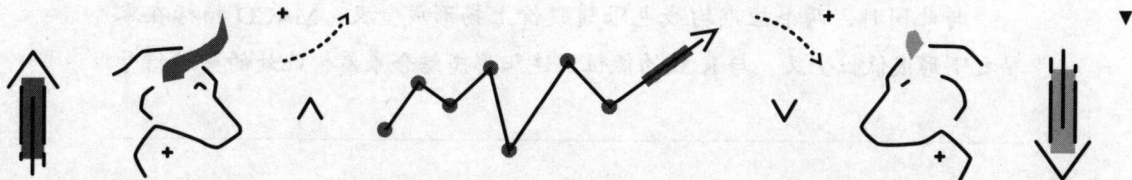

6.1 上涨趋势中的短线补仓点

在长期的上涨趋势中，短线投资者盈利的机会相对较大，利用突破技术寻找买进点和补仓点时也会更加轻松，因此，牛股是短线投资者的首选。

本节选取的就是兖矿能源（600188）的一段上涨行情，通过其中包含的各种突破技术，向投资者展示如何在实战中寻找和利用这些突破形态，帮助投资者作出决策。

6.1.1 上涨初始的突破形态

在上涨趋势刚开始显现时，股价的第一波拉升往往会比较迅猛，算是对市场的一次提醒，这样能够吸引大量的散户资金注入，将价格推到更高的位置。

那么，在这种位置形成的突破形态就具有非常强烈的买进意义了，对于短线投资者来说更是非常合适的建仓和加仓机会。

下面就通过兖矿能源上涨行情初始的突破形态来解析。

实例分析

上涨初始位置的突破形态

图 6-1 为兖矿能源 2021 年 1 月至 3 月的 K 线图。

从图 6-1 中可以看到，兖矿能源在 2021 年 2 月之前还处于弱势走势之中，并且股价还在 1 月底形成了一次加速下跌，导致股价迅速落到了 8.50 元价位线附近，随后止跌横盘。此时的 MACD 指标已经深入零轴以下，均线组合也向下发散形成了强力压制。

2 月上旬，股价在创出 8.43 元的新低后不久就开始回升，连续五个交易日都收出了阳线，并且阳线的涨幅越来越大，形成低位五连阳形态。

与此同时，两条短期均线也跟随股价上扬形成金叉，MACD 指标在零轴之下形成低位金叉。与 K 线的低位五连阳形态结合来看，此处的买进信号还是十分强烈的，即便股价没有就此转入上涨行情，短线投资者依旧可以买进建仓，抓住短期涨幅。

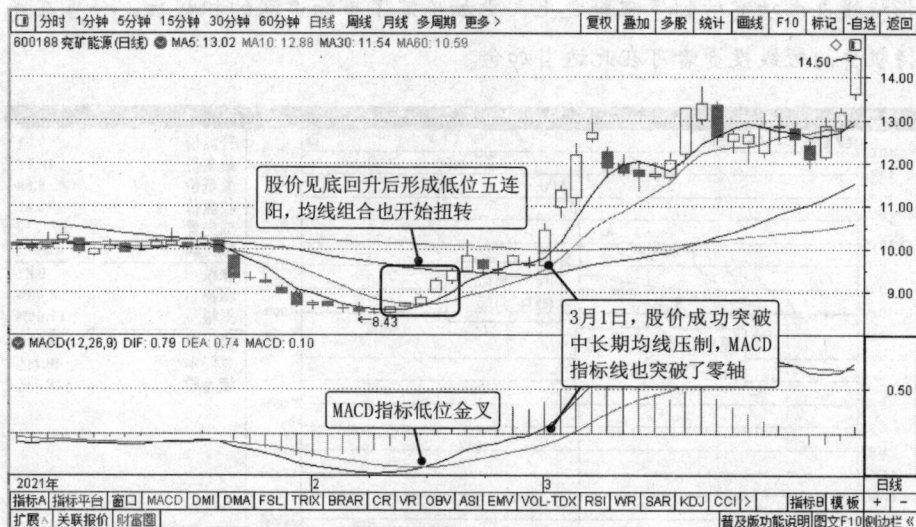

图 6-1　兖矿能源 2021 年 1 月至 3 月的 K 线图

继续来看后面的走势。在低位五连阳形成后，兖矿能源又继续上涨了一个交易日才在 60 日均线附近受阻回落，低点在 30 日均线上得到支撑，形成了数日的横盘，10.00 元价位线也是关键压力线。

此时，两条中长期均线已经比较明显地走平了，MACD 指标线也在向着零轴运行，DIF 已经快要接触到零轴，只等变盘的到来就可以将其突破。

3 月 1 日，股价开始大幅拉升变盘，为投资者创造出了良好的加仓时机，下面进入当日的分时走势来分析。

图 6-2 为兖矿能源 2021 年 3 月 1 日的分时图。

从兖矿能源 2021 年 3 月 1 日的分时走势可以看到，该股在开盘后围绕着均价线横盘震荡了近半个小时，临近 10:00 才开始向上拉升，一路向着 10.00 元价位线靠近。

11:00 之后，股价终于将该压力线突破，并形成了回踩。待到下午时段开盘，股价迅速向上攀升，直接在数十分钟后冲上了涨停板。尽管该股后续有小幅回落，但依旧能够以 8.40% 的涨幅收盘，形成一根大阳线。

在 K 线图中，这根大阳线成功突破了横盘区间的压力线，同时也突破到了均线组合之上，后市看涨的信号开始清晰。与此同时，下方的 MACD 指标线也成功突破到了零轴之上，更加确定了市场追涨的积极性，一直在等待机会的短线投资者可在此适当加仓。

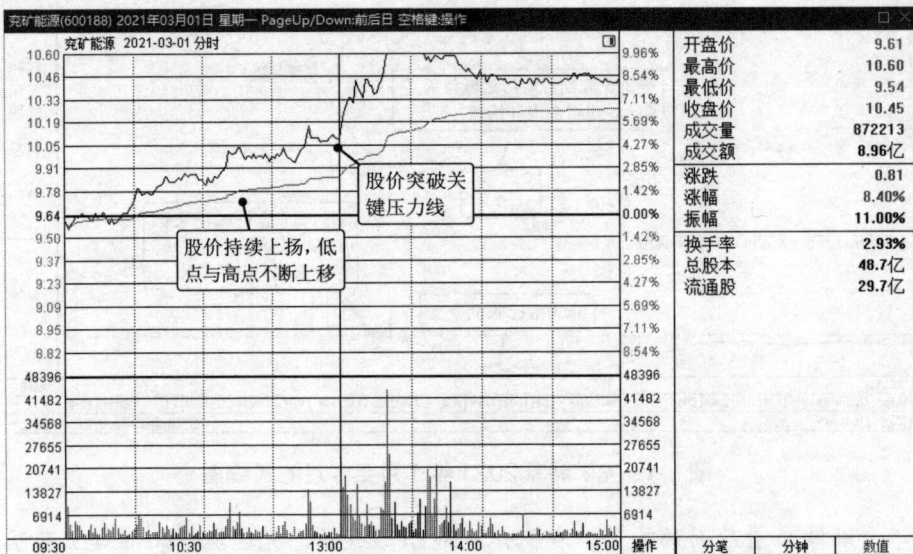

图 6-2　兖矿能源 2021 年 3 月 1 日的分时图

6.1.2　回调底部的突破形态

股价在上涨一段时间后需要通过回调来释放场内的抛压，这样才能更好地进行后续的拉升。当然，短线投资者遇到回调时还是以抛售为佳。如果 K 线能够在回调底部形成特殊的突破形态，或是其他技术指标传递出突破信号，短线投资者就可以趁势在低位建仓或加仓。

下面通过兖矿能源的一段回调走势来解析。

实例分析
回调底部的突破信号

图 6-3 为兖矿能源 2021 年 4 月至 6 月的 K 线图。

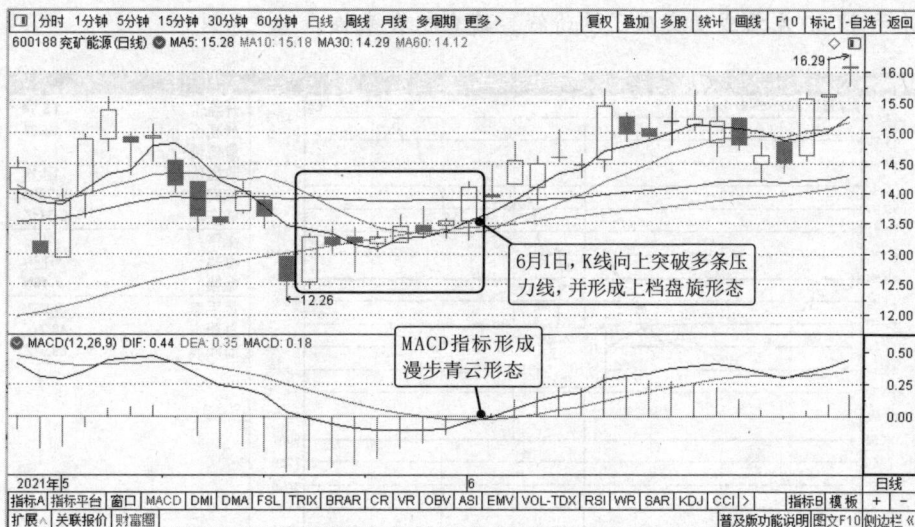

图 6-3 兖矿能源 2021 年 4 月至 6 月的 K 线图

在兖矿能源的这段走势中，股价在 2021 年 5 月中旬形成了一次回调，幅度还是比较大的，短线投资者在撤离后的短时间内最好不要轻易买进。

5 月 20 日，K 线向下跳空收出了一根长阴线，直接落到了整个均线组合下方。次日，股价大幅收阳回升后也没能成功跃过 60 日均线的压制。在后续数日的时间内，K 线开始连续收出小阴线和小阳线，缓慢沿着 60 日均线的运行轨迹向上移动。

到了 5 月底，股价已经向上靠近了前期 K 线向下跳空的位置，也就是 13.50 元价位线。这是一条关键压力线，如果股价能够将其突破，下一波拉升可能就不远了。

6 月 1 日，拉升突破的时机来临了，通过分时走势能够将当日股价的状态看得更清楚。

图 6-4 为兖矿能源 2021 年 6 月 1 日的分时图。

从图 6-4 中可以看到，兖矿能源在 6 月 1 日开盘后就出现了震荡式的下跌，在前一个小时内的走势都十分消极，整体看来还处于震荡过程中。但在 10:30 之后，该股的走势发生了巨大转折，股价开始逐步走平并反转向上，并于 11:00 左右成功突破了均价线，建仓机会来临。

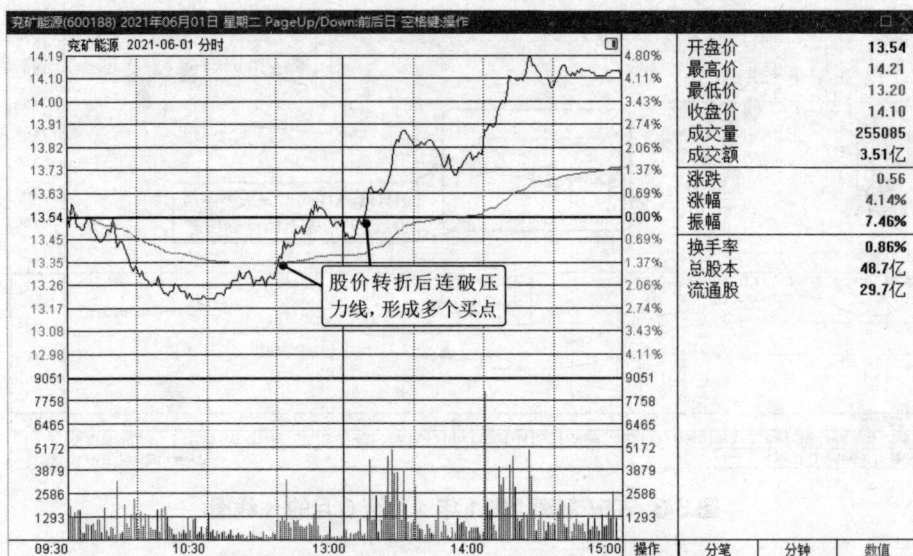

图 6-4　兖矿能源 2021 年 6 月 1 日的分时图

此后不久，股价将前日收盘价也突破了，虽然后续的回踩过程中有小幅跌破，但很快就回归了上涨。K 线图中 13.50 元的压力线也被彻底突破，形成了明确的买进信号，短线投资者可趁势加仓。

当日该股以 14.10 元的价格收盘，最高价也达到了 14.21 元。从 K 线图中可以看到，这根大阳线成功突破到了均线组合之上，并且与前面数日的 K 线结合来看，形成了上档盘旋的突破形态，传递出了明确的拉升信号。

与此同时，MACD 指标也在零轴附近构筑出了一个中位金叉，并且是 DIF 下穿零轴后再度上扬突破 DEA 形成的，显然，这是一个漫步青云形态。多重指标共同结合，预示着股价即将进入新一轮拉升之中，此时还在观望的谨慎型投资者也可以在后续介入建仓了。

6.1.3　急速拉升提前预判

在牛市中，急速的拉升是十分常见的，这也是能够在短时间内快速提升投资者收益的最佳走势之一。

但很多时候由于股价拉升速度太快，因此，无法维持太长时间，若投资者反应稍慢一些，获得的收益就可能大打折扣。如何在急速拉升之前利用各种突破形态寻找买点，就成了短线投资者的必修课之一。

下面通过兖矿能源的一段拉升走势来解析。

实例分析

急速拉升前的突破形态

图 6-5 为兖矿能源 2021 年 7 月至 9 月的 K 线图。

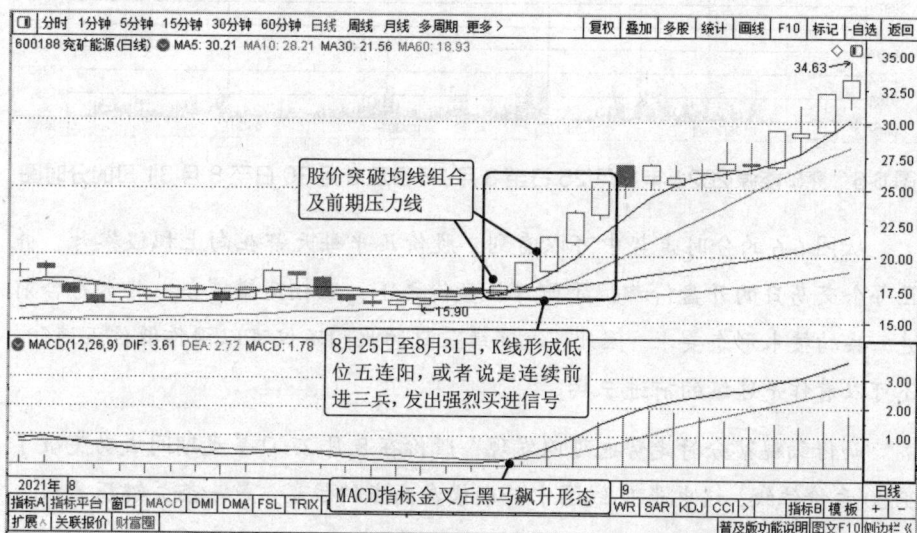

图 6-5 兖矿能源 2021 年 7 月至 9 月的 K 线图

从图 6-5 中可以看到，到了 2021 年 8 月，兖矿能源又开始横盘整理了，不过中长期均线还在持续上扬，说明股价还有上涨空间，短线投资者离场后可以耐心等待变盘的到来。

8 月底，股价开始有回升的趋势。自 8 月 25 日开始，K 线连续收阳上冲，并且涨幅越来越大，从其分时走势中可以更清晰地看到。

图 6-6 为兖矿能源 2021 年 8 月 25 日至 8 月 27 日及 8 月 30 日至 8 月 31 日的分时图。

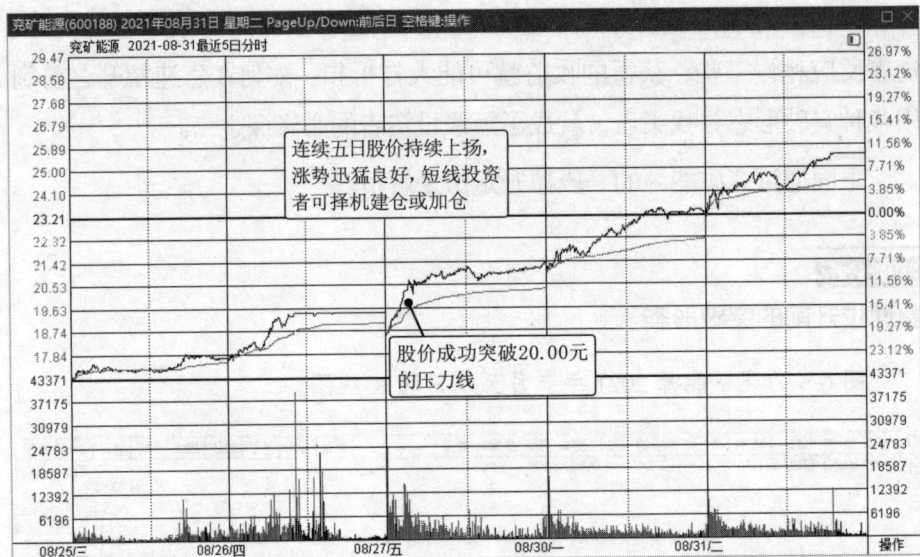

图6-6 兖矿能源2021年8月25日至8月27日及8月30日至8月31日的分时图

从图6-6的分时走势中可以看到，股价几乎每天都在向上积极攀升，并且每个交易日的开盘价都位于前日收盘价之下，互相交错咬合，非常符合前进三兵的技术形态要求。因此，这连续五日的收阳不仅可以视作低位五连阳，还可以看作是连续的前进三兵。

而仔细观察分时走势也可以发现，股价在8月27日早盘期间成功突破了20.00元价位线，这也是K线图中前期横盘高点的位置，是一条关键压力线。

除此之外，K线图中8月25日收出的阳线对均线组合的突破，以及同一时间形成的MACD指标高位金叉和黑马飙升形态（在后续的小栏目中会详细解释），也是明显的看涨信号。在如此多积极突破形态的催动下，短线投资者完全可以从容择机建仓或加仓，越早入场越能降低持股成本。

拓展知识 *什么是MACD指标黑马飙升*

黑马飙升是MACD指标的一种特有形态。当股价横盘结束后高速上涨，带动DIF与DEA拐头向上并拉开距离，使得MACD红柱也开始拉长，并正好支撑在DIF之下，就能形成黑马飙升形态，并传递出强烈的看涨信号，如图6-7所示。

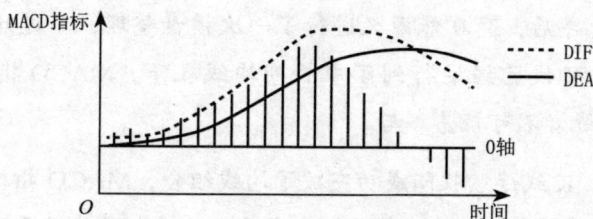

图 6-7　MACD 指标黑马飙升示意图

6.1.4　跳空式的突破

跳空式的突破会形成向上跳空的缺口，而在缺口理论中，这种突破缺口传递出的买进信号是最强烈的，尤其是当 K 线的缺口与其他突破形态共同出现时，短线投资者买进后的成功率将会大大提高。

兖矿能源在一次拉升前夕就形成了这样的走势，下面来深入了解一下。

实例分析

通过向上跳空突破压力线

图 6-8 为兖矿能源 2022 年 1 月至 2 月的 K 线图。

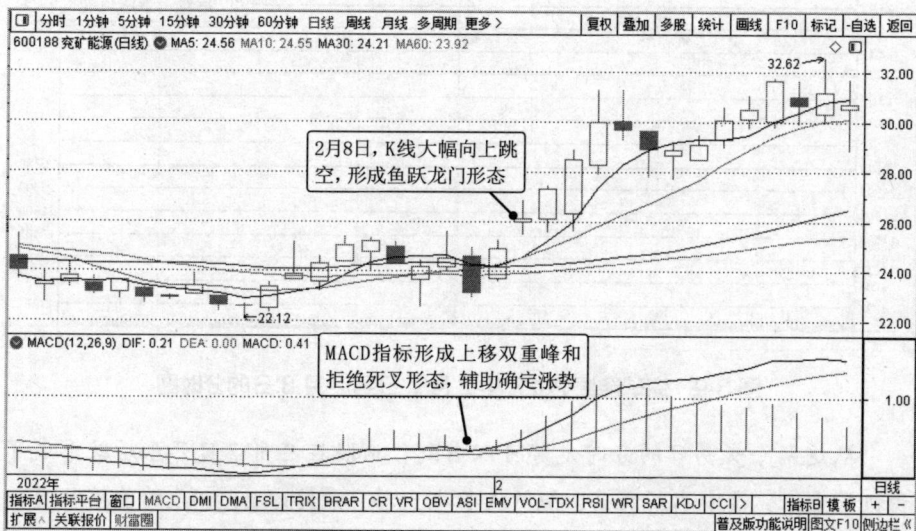

图 6-8　兖矿能源 2022 年 1 月至 2 月的 K 线图

进入 2022 年后，兖矿能源又进行了一次横盘整理，不过此次的回调幅度稍大，导致 K 线已经运行到了中长期均线之下，MACD 指标也跌破了零轴，短线投资者不可轻易参与。

1 月中旬，K 线连续收阳成功突破了均线组合，MACD 指标也形成了低位金叉，看似有突破上涨的迹象，但在突破数日后，股价就再度回落形成横盘，说明市场还未积攒到充足的推涨动能。

不过从 K 线落到中长期均线上止跌的走势来看，变盘也不远了，已经买进的短线投资者可以不着急出局，先观望一段时间。

进入 2 月后，K 线再度收阳，并成功自下而上穿越了整个均线组合，而在次日，股价跳空向上高开，形成了更加明确的突破走势。下面就来进一步分析这两个交易日的分时走势。

图 6-9 为兖矿能源 2022 年 2 月 7 日到 2 月 8 日的分时图。

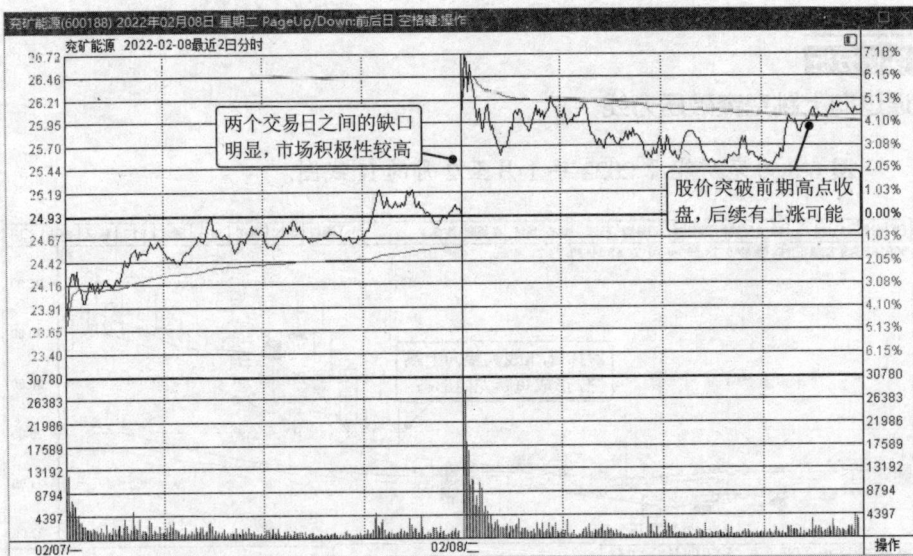

图 6-9　兖矿能源 2022 年 2 月 7 日到 2 月 8 日的分时图

从这两个交易日的分时走势可以看到，该股在 2 月 7 日开盘后就形成了积极的上涨，盘中不断震荡，但低点长期上移，最终以 24.93 元的价格收盘，成功突破了整个均线组合。

不过，由于前面几个交易日收出的 K 线都与中长期均线有所接触，2 月 7 日的这次突破也就显得没有那么突兀和可靠。激进型的投资者可以在当日试探着买进，谨慎型的短线投资者若不愿意轻易买进，就可以再等待一段时间。

2 月 8 日，股价就出现了明显的积极走势，开盘就与前日形成了较大的缺口，后续虽然有所下跌，但始终没有跌破前日最高价，临近收盘时更是小幅回升，最终收出一根小阳星。

在 K 线图中，这根小阳星与前一根 K 线之间形成了向上跳空的缺口，完全突破到了均线组合之上，形成鱼跃龙门形态。与此同时，MACD 指标线也成功突破到了零轴以上，而且指标线之间还形成了一个拒绝死叉，导致 MACD 红柱波峰上扬，构筑出上移双重峰的形态。

多重看涨信号先后出现，已经充分证明了后市的积极涨势，短线投资者可以在合适的位置建仓或加仓了。

6.1.5　多个突破形态同时形成

在拉升初始的位置，如果时机刚好，个股可能会在同一时间形成数个突破形态。只要投资者观察得够仔细，K 线自身、K 线与均线、均线自身及 MACD 指标自身，都有可能在同一个交易日或先后几个交易日全部构筑出突破形态。

显然，这种状态是很少见的，一旦形成，投资者买进的成功率会抬高不少。在兖矿能源的这段牛市中，刚好就出现了一次多个突破形态同时形成的情况，下面直接来看解析。

实例分析

同时形成的多个突破形态

图 6-10 为兖矿能源 2022 年 6 月至 9 月的 K 线图。

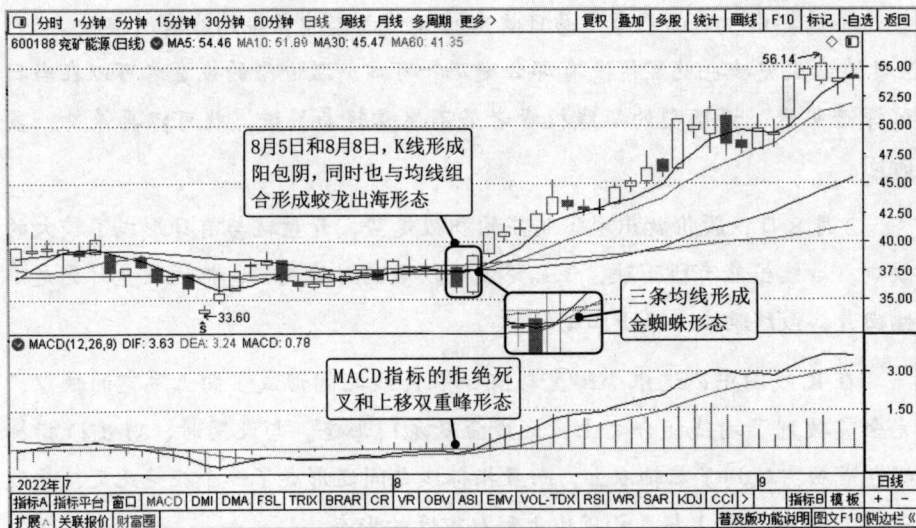

图 6-10　兖矿能源 2022 年 6 月至 9 月的 K 线图

从图 6-10 中可以看到，兖矿能源在 2022 年 7 月正在横盘整理，均线组合已经黏合在了一起，MACD 指标线也运行到了零轴附近，正围绕着零轴震荡。

在连续长期收出小阴线和小阳线后，该股在 8 月初终于出现了明显的变化，下面通过分时图来观察。

图 6-11 为兖矿能源 2022 年 8 月 5 日和 8 月 8 日的分时图。

8 月 5 日和 8 月 8 日正是股价形成明显变化的两个交易日，从这两天的分时走势可以看到，该股在 8 月 5 日开盘后就出现了连续的下跌，一直落到 35.50 元价位线附近才止跌横盘，随后小幅回升，以 35.96 元的价格收出一根长实体阴线。

在 K 线图中，这根阴线几乎已经跌破了前面数日横盘的下边线，看起来是一个消极的看跌信号，不过目前股价还未彻底跌破该支撑线，也没有确定跌势，短线投资者先不着急下定义。

8 月 8 日，股价以低价开盘，但在开盘后迅速上冲，短短几分钟内就突破到了前日收盘价之上。在此之后，股价依旧一路上涨，经过震荡后来到了

38.50 元价位线上方，最终以 38.74 元的价格收盘，当日收出一根大阳线。

从分时图中就可以发现，8 月 8 日的股价线走势将前一个交易日中产生的价格全部覆盖住了，再加上前阴后阳的 K 线形式，二者形成了一个经典的见底反转形态，即阳包阴。

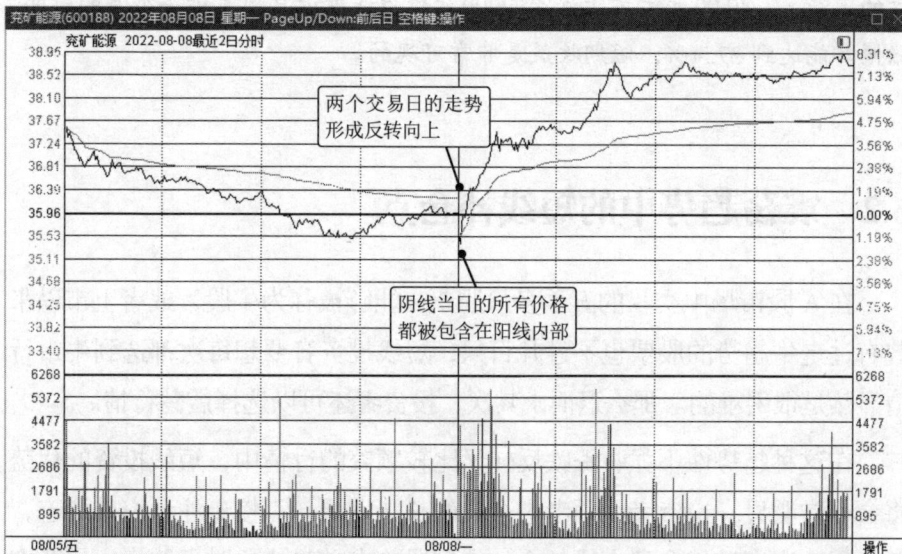

图 6-11　兖矿能源 2022 年 8 月 5 日到 8 月 8 日的分时图

回到 K 线图中观察还可以发现，8 月 8 日形成的大阳线自下而上穿越了整个均线组合，并对前面数日横盘区间的上边线形成了一定的突破，构筑出了蛟龙出海形态。

与此同时，均线组合中的 5 日均线、10 日均线和 30 日均线刚好在相近的位置形成三线金叉，构筑出的形态被称为金蜘蛛。这也是一种典型的看多形态，投资者可以将其理解为金银山谷的加强版。

视线下移来观察 MACD 指标，可以发现在这几个突破形态出现之前，MACD 指标线就已经在低位形成金叉了，并且在向上靠近零轴时还出现了拒绝死叉，MACD 红柱受其影响回缩后放大，形成上移双重峰形态。

此时投资者就可以发现，K 线自身的阳包阴形态、K 线与均线共同形成的蛟龙出海形态、均线自身的金蜘蛛形态及 MACD 指标自身形成的拒绝死叉和上移双重峰，几乎在这两个交易日中就全部构筑完毕。每一个单独的形态其实都能作为短线投资者买进的依据，而当它们集中出现时，短线投资者完全可以直接跟进，并尽快加仓注资，以降低成本，扩大收益。

从 K 线图中后续的走势也可以看到，该股在此之后确实形成了积极迅猛的上涨，从 40.00 元左右上涨至 55.00 元价位线附近只用了近一个月的时间，涨幅却能达到 37.50%，短期收益是非常可观的。

6.2　震荡趋势中的短线补仓点

在 A 股市场中交易的五千多只股票，能够被称为牛股，或者上市以来曾有过走牛趋势的股票也不过几百只，短线投资者要想每次都选到牛市行情显然是很困难的。那么退而求其次，投资者还可以选择震荡行情。

在这种趋势性不强、涨跌反转又比较频繁的行情中，短线投资的优势将会非常明显。投资者无须考虑个股的长久发展，直接专注于突破形态，抓住每一次突破机会建仓或加仓，待到股价有转势迹象时迅速卖出，赚取收益的机会还是很大的。

本节就以胜宏科技（300476）的一段震荡走势为例，向短线投资者展示震荡行情中的突破技术分析与应用。

6.2.1　仔细观察隐藏的压力线

在震荡走势中，短线投资者的观察更要细致入微，否则错失了一次买进机会，下一次可能就要等到数月之后了。而且仔细地观察和分析能够帮助投资者确定此次上涨的可靠性，毕竟震荡行情中什么走势都可能形成，股价在前一日涨停后次日就跌停的情况也不少见。

而在胜宏科技的一段震荡走势中，就隐藏着一条比较难发现的压力线，它为投资者提供了关键信息，也帮助投资者及时作出投资决策。

实例分析

寻找隐藏的关键压力线

图 6-12 为胜宏科技 2020 年 2 月至 5 月的 K 线图。

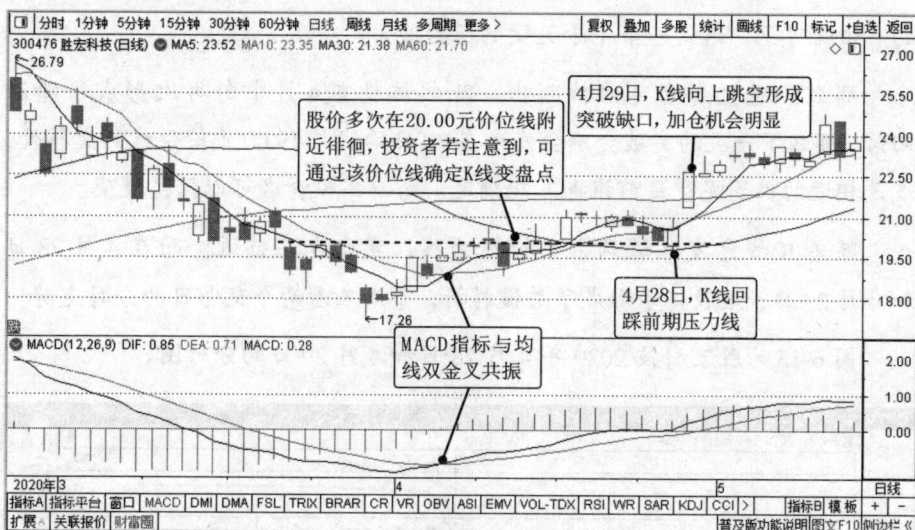

图 6-12 胜宏科技 2020 年 2 月至 5 月的 K 线图

从图 6-12 中可以看到，胜宏科技在 2020 年 3 月还处于下跌趋势之中，直到 3 月底股价向下跳空并创出 17.26 元的阶段新低后，股价才在 18.00 元价位线附近止跌横盘。

进入 4 月后不久，K 线就开始逐步收阳回升了，数日之后就带动两条短期均线拐头向上形成了一个金叉。与此同时，MACD 指标也在零轴之下形成了低位金叉，双金叉共振发出了看涨信号，短线投资者可尝试着买进。

4 月上旬，股价上行至 30 日均线附近后受阻小幅回调，数日后继续上涨，成功突破了该压力线。这时细心的投资者可能已经发现，股价此次突破的并不只有 30 日均线，还有一条隐藏的价位线，即 19.00 元价位线。

早在 3 月下旬，该压力线就已经初显端倪。股价在初次小幅跌破 18.50 元价位线后有过一次回抽，当时看似是在 10 日均线上受阻了，但其实 19.00 元价位线也形成了一定的压制。

待到股价见底回升后，形成的第一次拉升也在该价位线上受到过阻碍。投资者仔细观察就会发现，在 4 月初时，该股上涨靠近 19.00 元价位线后收出过两根带上影线的小阳线，试探压力之后才继续向上运行。并且股价在后续突破 30 日均线时，也是在 30 日均线与 19.00 元价位线形成交叉时才突破的。由此可见，这是一条十分关键的压力线。

那么此时投资者可以推断出，既然该股在 4 月中旬再次形成了滞涨回落，那么下一次的突破会不会发生在 30 日均线与 19.00 元价位线的交界处，或是相近的位置呢？目前谁也不能确定，所以，投资者可以保持观望。

随着 K 线愈发靠近两条关键压力线，变盘也在临近。而在 4 月 28 日和 4 月 29 日，该股终于形成了关键转折，下面来看两个交易日的分时走势。

图 6-13 为胜宏科技 2020 年 4 月 28 日和 4 月 29 日的分时图。

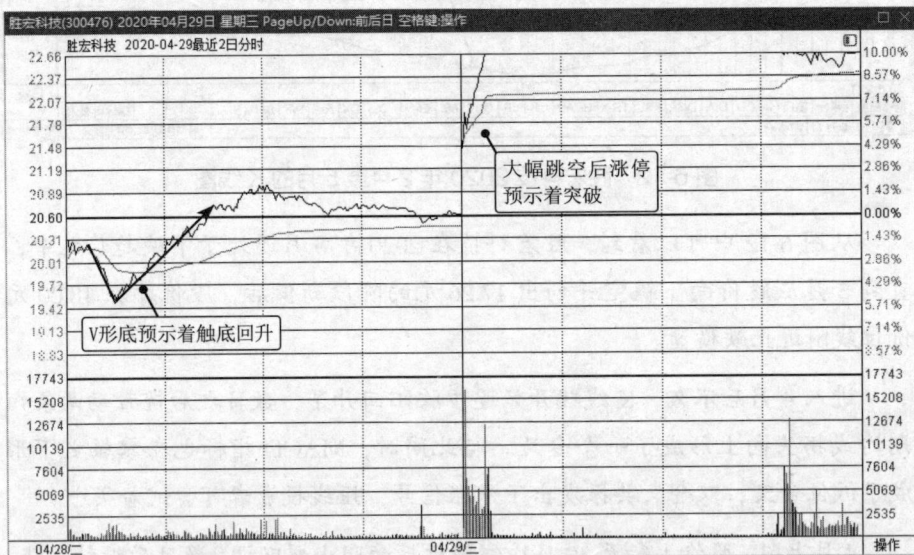

图 6-13　胜宏科技 2020 年 4 月 28 日和 4 月 29 日的分时图

从这两个交易日的分时走势可以看到，该股在 4 月 28 日开盘后几分钟内还处于震荡状态，但很快就拐头向下形成了快速的下跌，一直落到 19.42 元价位线上方不远处才止跌。

股价企稳后开始回升，涨速也是非常快，几分钟后就成功突破了均价线并持续上扬，几乎没有形成明显的回踩。待到股价突破前期下跌的初始位置后，就形成了一个 V 形底形态。

将该筑底形态与 K 线图中当日价格与两条关键压力线之间的位置关系相结合，投资者就能得出一个结论：股价大概率会就此止跌反转，等待已久的变盘可能即将来临。因此，短线投资者就可以在 V 形底形成后建仓或加仓。

4 月 29 日，股价直接以大幅向上跳空的高价开盘，并且在开盘后就急速上冲，短短几分钟内就冲上了涨停板，随后长期封板。

在 K 线图中，此次上涨明显突破了整个均线组合及前期高点，只要后续股价不开板大幅下跌，这个突破缺口处的买进信号就不会衰弱。

临近尾盘时，股价小幅开板交易，但回落幅度并不大，半个多小时后价格回归涨停，当日收出一根向上跳空的大阳线。

在 K 线图中，这根大阳线成功突破到了均线组合之上，还带动了 MACD 指标线也向上穿越了零轴，多处看涨信号催促着短线投资者加仓跟进。

6.2.2 拉长周期观察价格运行区间

很多短线投资者在分析股价走势时喜欢就近观察，比如只看最近几天中长期均线或其他指标对股价的支撑或压力，看个股是否有突破迹象。这样的分析方式其实没有太大问题，但投资者可能因此忽略掉很多关键信息。

要知道，无论是短线投资还是中长线投资，很多重要信息在短时间内是看不出来的，投资者只有拉长周期，结合前期走势，才能得到更多的研判依据。比如下面限制胜宏科技的股价运行范围的价格区间，就需要投资者拉长周期才能看清楚。

实例分析

价格区间帮助寻找加仓点

图 6-14 为胜宏科技 2020 年 4 月至 9 月的 K 线图。

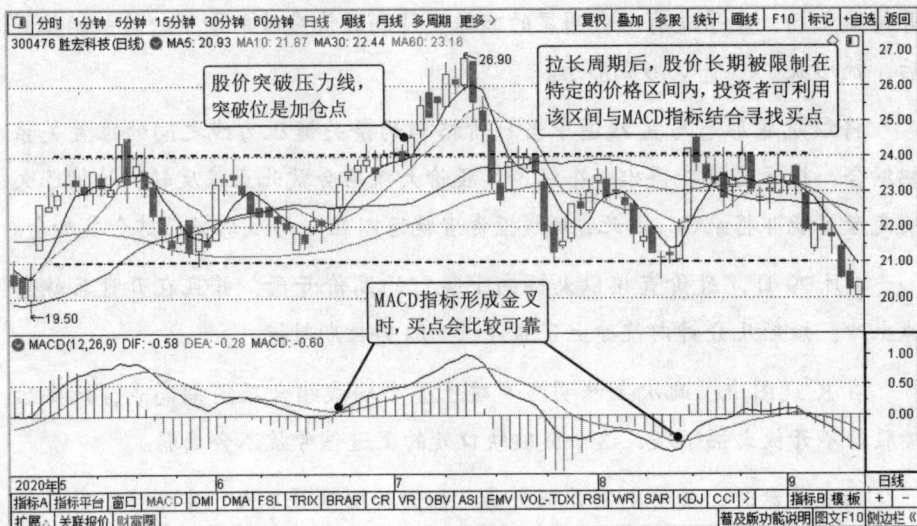

图 6-14　胜宏科技 2020 年 4 月至 9 月的 K 线图

从图 6-14 中可以看到，进入 2020 年 5 月后，胜宏科技就形成了一次大幅回调，低点落在了前期股价突破过的压力线上，也就是 21.00 元价位线上。在此止跌企稳后，股价继续拉升，但仅在上涨几个交易日后就于 24.00 元价位线附近受阻，高点稍低于前期，不过相差不远，说明该价位线处的压力不小。

6 月中旬，股价再次回落到 21.00 元价位线附近，止跌后又一次上涨。此时，股价的运行区间已经初具雏形，拉长周期可以看到，该股分别在横盘区间的上下边线上落下了两个点，基本确定了其有效性，那么短线投资者就可以试着利用这一横盘区间来确定买进位置。

此次股价企稳回升的位置就是一个很好的买点，同时观察 MACD 指标也可以发现，指标线在零轴上方形成了一个金叉后持续上扬，配合着股价的上涨，逐渐构筑出黑马飙升的形态，确定了看涨信号的可靠性。

待到该股上涨靠近横盘区间上边线时，表现明显与上一次不同。股价贴合在压力线上形成横盘，但低点却在不断上移，说明市场依旧在积极推涨，该股是有突破可能的，短线投资者可持续关注。

数日后，该股果然成功突破了该压力线，运行到了更高的位置，显然，突破位就是一个很好的加仓点。

进入 7 月后，该股不断上移，在创出 26.90 元的阶段新高后拐头向下，大幅收阴急跌，并直接跌破了 24.00 元价位线。该股在后续形成了回抽，K 线没有突破成功，后续回到原有的横盘区间内。该股在 7 月底于 21.00 元价位线上得到支撑后反弹的走势也证实了这一点，股价再次开始震荡，短线投资者依旧可以借此寻找买点。

8 月中旬，股价来到了横盘区间支撑线附近，在此止跌后不久迅速拐头向上，MACD 指标也在零轴之下形成低位金叉，传递出了明确的上涨信号。此时，短线投资者就可以迅速跟进建仓，甚至在后续的交易日中加仓了。

6.2.3　技术指标提供关键突破信息

有时，投资者单独依靠 K 线走势，或是单独观察 K 线图中的突破形态，可能并不能很好地看出确切的上涨信号，但加上其他技术指标就不一样了。比如上一个案例中，当 MACD 指标形成金叉时投资者再买进，安全性就会高一些。

如果 MACD 指标在 K 线走势尚不平稳，或难以确定变盘方向或时机时形成特殊的看涨形态，短线投资者就可以将分析重心转移到 MACD 指标上，观察其突破形态成型的位置，看股价会不会在同一时间上涨。如果二者确实有配合，那么投资者就可以更加坚定地买进。下面直接来看解析。

实例分析
MACD 指标提供的买进时机

图 6-15 为胜宏科技 2020 年 8 月至 12 月的 K 线图。

从图 6-15 中可以看到，进入 9 月后不久，胜宏科技的股价就跌破了 21.00 元价位线，落到 20.00 元价位线上后回抽不过，转而继续下跌。

此次股价的低点落到了 19.48 元上，随后拐头向上形成突破，带动

MACD 指标在零轴之下形成了一个低位金叉后持续上行，是一个比较好的买进时机，短线投资者可尝试参与。

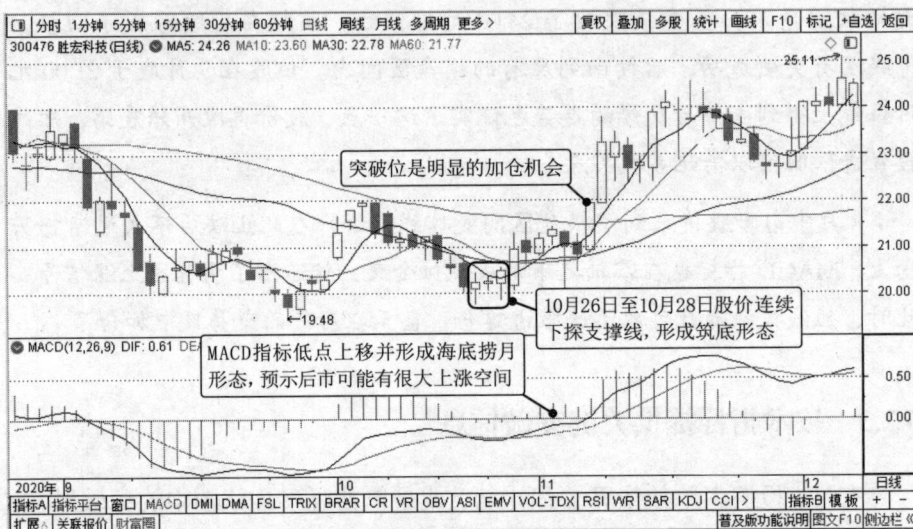

图 6-15　胜宏科技 2020 年 8 月至 12 月的 K 线图

从后续的走势可以看到，该股原本可以在突破 21.00 元的关键压力线后继续上行回归前期的横盘震荡，但由于中长期均线已经拐头向下形成压制，所以，股价也只能在 60 日均线上受阻后下跌。

此次股价下跌的幅度也是比较大的，低点再次落到 20.00 元价位线上，但在靠近该价位线后，股价并未将前期低点跌破，而是形成了多次下探来确认支撑力，从这几个下探交易日的分时走势中也可以看出。

图 6-16 为胜宏科技 2020 年 10 月 26 日至 10 月 28 日的分时图。

10 月 26 日至 10 月 28 日正是股价向下接触到 20.00 元价位线的三个交易日，从其分时走势中可以看到，10 月 26 日开盘后，股价就形成了大幅的震荡，并且还在 19.80 元价位线上方连续两次下探，形成了一个构筑时间很短，但十分标准的分时双重底形态。

结合 K 线图中股价的位置来看，此处的双重底形态显然是一个明确的筑底信号。再加上形态出现后股价就开始了急速的拉升，买进信号就更加强烈了，短线投资者完全可以在此迅速建仓。

不过当日后续的震荡幅度还是比较大的，最终收出了一根带有长影线的小阳线。次日，也就是 10 月 27 日，股价在开盘后依旧是长期震荡，盘中并无明显的趋势性，最终也收出了一根带有长影线的小阳星，买进信号不明朗，短线投资者可继续等待。

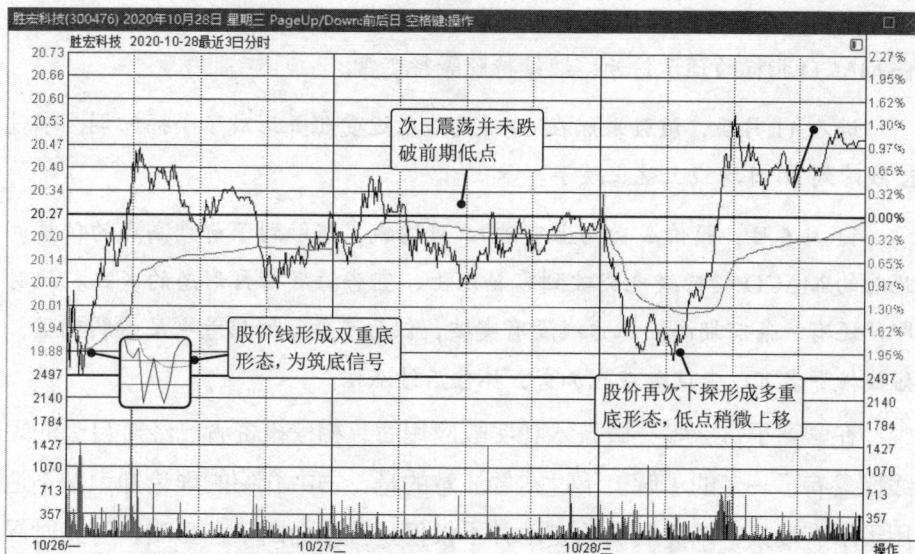

图 6-16　胜宏科技 2020 年 10 月 26 日至 10 月 28 日的分时图

继续来看 10 月 28 日的走势，该股在开盘后很快急速下跌，低点落在了 19.88 元价位线附近，随后在该价位线附近横向震荡。该支撑位与 10 月 26 日双重底形成的位置相差无几，该股没有将其跌破，就说明下方是有支撑的。

待到股价震荡结束后继续上扬，一个多重震荡底也形成了。从其后续的走势可以看到，当日股价的表现与 10 月 26 日的十分类似，都是在开盘后不久形成筑底形态，突破后急速上涨，随后震荡收盘。不过 10 月 28 日的上涨走势要更明显一些，因此，短线投资者依旧可以借此建仓或加仓。

回到 K 线图中，可以看到在这三个交易日的下探结束后，股价就开始了明显的上涨。但投资者依旧无法确定后市能否突破，毕竟 60 日均线还在继续下行，股价可能在接触到该压力线后就再次拐头下跌了，即便已经在低位建仓，投资者的收益也不会太高。

此时投资者就可以观察 MACD 指标，看看能否分析出更多的信息。可以看到，在股价回升的同时，MACD 指标也在零轴之下形成了又一个金叉，与前面的金叉结合构筑出了海底捞月的雏形。

通过前面对 MACD 指标的学习，投资者应该知道，海底捞月是一个相对可靠的上涨信号。那么在 K 线走势存疑的情况下，投资者就可以尝试着信任 MACD 指标的预示信号，继续持股等待变盘。

进入 11 月后，该股果然在 60 日均线附近受阻并形成了小幅回调，不过 K 线落到 30 日均线上就止跌了。

11 月 6 日，股价成功向上突破 60 日均线，接触到了前期高点的位置。此时的 MACD 指标线也突破到零轴以上，宣告海底捞月形态的成立。此时即便还有一条前期高点压力线没有突破，但后市看涨的信号也足够明确了，短线投资者可以尝试着在此加仓，抓住后续涨幅。

在学习了这么多突破技术和实战应用后，相信投资者已经对自己的短线操盘有了一定的了解。不过需要注意的是，书中介绍的理论知识并不适用于所有场景，毕竟股价的变动并不仅仅是技术面因素在影响，有些时候外界的基本面消息或是主力的插手都有可能导致形态走形，或是不符合理论知识的运行轨迹。因此，短线投资者要注意具体问题具体分析，不可盲目按照理论生搬硬套。